La méga-église

DAG HEWARD-MILLS

Parchment House

Sauf indication contraire, toutes les citations bibliques sont tirées
de la version Louis Segond de la Bible (1910)

Titre original : *The Megachurch*
Publié pour la première fois en 1999 par Parchment House

Copyright © 2005, 2011 Dag Heward-Mills

Version française publié pour la première fois en 2005
Publié en 2009 par Lux Verbi.BM (Pty) Ltd

Traduit par : Arlette Mbarga-Larisse

Deuxième édition :
Version française publiée pour la première fois en 2011
Quatriième impression en 2015 par Parchment House

Chapitre 1 traduit par : Professional Translations, Inc.

Pour savoir plus sur Dag Heward-Mills
Campagne Jésus qui guérit
Écrivez à : evangelist@daghewardmills.org
Site web : www.daghewardmills.org
Facebook : Dag Heward-Mills
Twitter : @EvangelistDag

ISBN : 978-9988-8502-4-1

Dédicace :
Je dédie ce livre au ***Pasteur David Yonggi Cho.***
Merci de m'avoir donné l'inspiration d'avoir une méga église !

Tous droits de traduction, de reproduction et d'adaptation réservés pour tous pays. À l'exception des analyses et citations courtes, toute exploitation ou reproduction même partielle de cet ouvrageest interdite sans l'autorisation écrite de l'auteur.

Table des matières

1. Vingt-cinq raisons en faveur d'une méga-église 1
2. Comment mesurer la croissance de l'église 21
3. Comment vous pouvez recevoir l'onction 34
4. Ce que vous devez comprendre à propos de l'onction..43
5. Étapes menant à l'onction 49
6. Que signifie acquérir l'esprit du ministère ? 65
7. Comment démarrer une église 74
8. Battez-vous pour avoir des membres engagés 85
9. Comment avoir des membres dévoués...........................93
10. L'évangélisme de rétention 105
11. Comment avoir des membres d'église permanents....... 113
12. Le secret de l'industrialisation 123
13. Principes spéciaux de croissance de l'église 127

Chapitre 1

Vingt-cinq raisons en faveur d'une méga-église

1. **Vous devez désirer une méga-église, car il n'y a pas de vision ni de but plus appropriés pour un pasteur.** La meilleure vision, le désir le plus ardent de chaque pasteur devraient être de mettre en place une grande église. Si vous avez une église, pourquoi ne pas en faire une grande église ?

   Où il n'y a pas de vision, le peuple périt ; mais celui qui garde la loi, heureux est-il.

   Proverbes 29 : 18

2. **Vous devez désirer une méga-église, car ce désir vous fera entamer un voyage qui aboutira à la croissance de votre église.** Désirer des miracles vous permettra précisément d'obtenir des miracles dans votre ministère. Désirer l'onction vous permettra précisément de recevoir l'onction. Désirer la croissance de votre église vous fera entamer un parcours de découverte menant à la croissance de votre église.

   C'est pourquoi je vous dis : TOUT CE QUE VOUS DEMANDEREZ en priant, croyez que vous le recevez ; et VOUS LE RECEVREZ.

   Marc 11 : 24

3. **Vous devez avoir une méga-église car chaque église que le Seigneur bâtit a pour destinée prophétique de surpasser ce qu'elle était au commencement.** Ne vous découragez pas si votre église est petite aujourd'hui. Il est prédit que la fin de votre ministère sera plus glorieuse que son commencement.

   Selon la prophétie de la Parole Divine, la fin sera plus glorieuse que le commencement, et vous devez vous attendre à connaître plus de gloire qu'à vos débuts. Dieu agira et fera croître votre congrégation.

> Bien que ton commencement aurait été petit, toutefois TA FIN SERA GRANDEMENT ACCRUE.
>
> Job 8 : 7

4. Vous devez avoir une méga-église parce que de nombreux pasteurs se font des illusions en pensant que le travail est en train de s'accomplir, alors qu'il ne l'est pas.

Pendant Son ministère, Jésus fit une déclaration très importante :

> …Certes la moisson est grande, mais il y a peu d'ouvriers…
>
> Matthieu 9 : 37

Cela signifie qu'il y a un grand nombre d'âmes à gagner. Il y a beaucoup de travail pour nous tous. Il y a beaucoup de gens pour remplir nos églises.

De nombreux pasteurs se font des idées lorsqu'ils voient que leurs petites salles sont remplies. Ils ont alors l'impression qu'ils ont « réussi » dans leur ministère. Vous touchez un bon salaire et vous avez une belle voiture. Dieu vous a béni et tous vos frais sont couverts. Cela ne veut pas dire que vous avez « réussi ».

Ne laissez pas le diable vous aveugler ni dissimuler le véritable travail que nous devons accomplir. Satan berce votre église d'illusions ! Il murmure dans le cœur de nombreux pasteurs : « tout va bien », « ça y est », « vous y êtes arrivé », « vous ne pouvez pas aller plus loin », « vous ne pouvez rien accomplir de plus pour Dieu ! ». Les yeux spirituels et visionnaires de ces ministres ont été aveuglés par Satan. Leur ennemi murmure dans leur cœur : « tout va bien. Ça y est, vous avez réussi ! »

Satan veut empêcher la croissance de votre église. Plus votre congrégation est réduite, plus il prend de prisonniers. La taille de votre église témoigne de votre contribution au dépeuplement de l'enfer. Lorsque vous avez une méga-église, vous rassemblez plus d'âmes, qui sont ainsi sauvées des griffes du diable.

5. **Vous devez avoir une méga-église car Dieu veut que « Sa maison soit remplie »**. De nombreuses églises ne sont pas pleines parce qu'elles ne sont pas des méga églises.

> Et le seigneur dit au serviteur : Va dans les chemins et [le long] des haies, et contrains-les d'entrer, AFIN QUE MA MAISON SOIT REMPLIE.
>
> Luc 14 : 23

Dans l'Évangile de Luc, chapitre 14, le Seigneur nous offre une révélation importante. Le maître dit au serviteur : « Je dois remplir ma maison ». Ici, le maître représente Jésus. Jésus voulait remplir Sa maison. En d'autres termes, Jésus veut remplir Ses églises. Dieu veut des églises pleines ! Ici, le maître ne voulait pas se contenter de recevoir seulement quelques personnes. Pourtant, le souper aurait quand même eu lieu, mais il voulait que les invités soient encore plus nombreux. Et il voulait tout particulièrement que sa maison soit pleine.

Dans cette histoire, Dieu montre quelle est Sa volonté pour l'église. Il veut qu'on y soit plus nombreux ! Il veut des églises bondées ! Il veut une méga-église !

6. **Vous devez avoir une méga-église parce que le monde entier est votre champ à moissonner.**

Dieu ne nous a pas seulement envoyé dans une banlieue près de chez vous, ni dans quelques villages. Il nous a envoyé à travers le monde entier. Si nous ne devions moissonner qu'un champ de petite taille, nous ne pourrions pas nous attendre à une récolte importante.

> Et il leur dit : ALLEZ PAR TOUT LE MONDE, et prêchez l'évangile à toute créature. Celui qui croit et est baptisé, sera sauvé ; mais celui qui ne croit pas sera condamné.
>
> Marc 16 : 15-16

Nous devons atteindre le monde entier, et cela signifie que nous devons faire une très grande récolte d'âmes. Elle doit rassembler une large portion de la population mondiale. Si une grande partie de la population mondiale est sauvée par le moyen de l'Évangile, alors chaque église devrait se trouver pleine à craquer. N'oubliez pas qu'il y a plus de 6 milliards d'âmes au monde qui attendent que nous les touchions au moyen de l'Évangile.

7. **Vous devez avoir une méga-église parce que les églises bibliques possédaient des milliers de membres.** L'église primitive n'est-elle pas le meilleur exemple pour nous ? Si ces églises comptaient trois mille et cinq mille membres, ne devrions-nous pas nous en inspirer ? Ces chiffres sont indiqués dans la Bible, afin que nous puissions les émuler.

Ceux donc qui reçurent avec joie sa parole furent baptisés ; et ce jour-là ils leur furent ajoutés environ trois mille âmes. Et ils continuaient avec constance dans la doctrine des apôtres, et dans la réunion fraternelle, et dans la fraction du pain et en prières.

Actes 2 : 41-42

Cependant beaucoup de ceux qui avaient entendu la parole crurent, et le nombre d'hommes était d'environ cinq mille.

Actes 4 : 4

8. **Vous devez avoir une méga-église parce qu'une grande église signifie davantage d'âmes conquises pour le royaume.** Une grande église implique davantage de services, d'appels à l'autel et d'occasions de salut qu'une petite église. Tout ministre de l'Évangile n'a t-il pas pour but de gagner des âmes pour le Seigneur ? N'est-ce pas une bénédiction supplémentaire que de permettre le salut de nombreux membres d'une méga-église ?

9. **Vous devez avoir une méga-église parce que dans une méga-église, davantage d'ouvriers peuvent travailler pour Dieu.**

Alors il dit à ses disciples : Certes la moisson est grande, mais il y a peu d'ouvriers. Priez donc le Seigneur de la moisson, afin qu'il envoie des ouvriers dans sa moisson.

Matthieu 9 : 37-38

Au sein de troupeau, il y aura toujours un petit nombre de véritables ouvriers. Quoi que vous disiez ou fassiez, certains membres refuseront de s'impliquer réellement dans le travail du ministère. Il y aura toujours des spectateurs, qui ne feront qu'observer. Il y aura toujours ceux qui se contenteront de commenter. Mais les ouvriers resteront toujours dans le ministère. Plus la foule est nombreuse, plus vous disposerez d'ouvriers à envoyer, et plus il vous sera facile de les financer.

10. **Vous devez avoir une méga-église parce qu'ainsi, davantage de ministres de l'Évangile, de pasteurs à temps plein et d'évêques sont formés et envoyés à la moisson.** Une grande église met toujours en place un programme de formation pour les nouveaux ministres. Une congrégation de dix mille membres produira donc davantage de pasteurs qu'une église qui n'en compte que cent. En effet, le pasteur d'une petite église a peu de chances de trouver suffisamment de candidats à la position de ministre de l'Évangile.

11. **Vous devez avoir une méga-église parce qu'une méga-église rassemble davantage de membres pour prier contre le pouvoir du prince des ténèbres.**

Car nous ne luttons pas contre la chair et le sang, mais contre les principautés, contre les puissances, contre les dirigeants des ténèbres de ce monde, contre la malice spirituelle dans les lieux célestes.

C'est pourquoi prenez toute l'armure de Dieu, afin que vous puissiez résister au jour mauvais, et qu'ayant tout surmonté, demeurez ferme.

Tenez donc ferme, ayant vos reins ceints avec la vérité, et ayant revêtu la cuirasse de la droiture,

Et vos pieds chaussés de la préparation de l'évangile de paix ;

Par-dessus tout, prenant le bouclier de la foi, avec lequel vous pourrez éteindre tous les dards enflammés du malin.

Et prenez le casque du salut, et l'épée de l'Esprit, qui est la parole de Dieu ;

> Priant en tout temps par toutes sortes de prières et de supplications en l'Esprit, et veillant à cela avec toute persévérance et supplication pour tous les saints
>
> Ephésiens 6 : 12-18

Dans une méga-église, davantage de prières sont adressées au Seigneur. Ainsi, davantage d'âmes seront sauvées et établies. Lorsque le Seigneur m'a envoyé implanter des églises en Europe, Il m'a montré l'un des rôles essentiels que nous jouerions en rebâtissant Son royaume sur ce continent. En effet, l'Europe est quasiment devenue un continent athéiste. Les européens ne pensent plus à Dieu, et nombreux sont ceux qui ne croient même plus en Son existence.

Dans le passé, les européens ont envoyé des missionnaires à travers le monde, mais ils ont depuis sombré au plus profond d'un gouffre d'aveuglement et d'impiété. Le Seigneur m'a montré qu'il était notre devoir de prier pour l'église en Europe. Notre présence dans des pays tels que la Suisse, les Pays-Bas et l'Angleterre a permis de beaucoup intercéder en faveur de ces nations.

Chaque vendredi, notre église à Genève tient des réunions de prière qui durent toute la nuit, de minuit à 6 heures du matin. On y livre un combat spirituel, dans un pays qui a oublié Dieu. Lorsque des églises comme la nôtre viennent s'implanter dans d'autres pays, davantage de prières voient le jour, et c'est en grande partie pour cela qu'il est important d'avoir une grande église, avec de nombreuses branches.

Lorsque l'église où j'occupe la fonction de pasteur, la Cathédrale le Phare, a atteint une certaine taille, nous sommes parvenus à organiser des nuits de prière tous les soirs. L'église comptait tant de petits groupes qu'il fut possible de mettre en place un système de rotation permettant à chaque groupe, chaque soir, d'effectuer une nuit de prière. Ainsi, chaque soir, un groupe différent priait.

Plus l'église est grande, et plus elle crée de groupes de prières. Une méga-église produit davantage de prières !

C'est pourquoi le diable tient à ce que l'église conserve une taille réduite !

12. Vous devez avoir une méga-église, parce qu'une méga-église génère de grandes foules, qui suscitent à leur tour une grande attente.

Et comme le PEUPLE ÉTAIT DANS l'ATTENTE, et que tous méditaient en leurs cœurs si Jean était le Christ ou pas …

Luc 3 : 15

D'expérience, j'ai remarqué que plus une foule était nombreuse, plus elle suscitait un sentiment d'attente. Lorsque de nombreux hommes de Dieu se rassemblent, un sentiment d'excitation, d'attente et de foi émane d'eux. Comment cela se fait-il ? Cela se produit parce que la foi de chacun est intensifiée par ce qu'ils voient autour d'eux.

La vue d'une foule nombreuse inspire la foi et l'excitation. La foi combinée d'une foule est plus puissante que la foi d'une seule personne, et cela permet de mieux faire ressortir les dons que Dieu a accordés au ministre.

J'ai prêché devant de petits groupes et des foules nombreuses. Souvent, ces deux cas de figure s'accompagnent d'atmosphères spirituelles différentes.

13. Vous devez avoir une méga-église parce que vous verrez des miracles plus puissants se manifester, grâce à la taille de la foule et au décuplement de ses attentes.

Puis Philippe descendit dans une ville de Samarie, et leur prêcha Christ. Et le peuple, d'un commun accord, était attentif aux choses que Philippe disait, l'entendant et voyant les miracles qu'il faisait. Car les esprits impurs, criant à haute voix sortaient de beaucoup qui en étaient possédés ; et beaucoup de paralytiques et de boiteux furent guéris. Et il y eut une grande joie dans cette ville.

Actes 8 : 5-8

Et ils partirent et prêchèrent partout ; le Seigneur œuvrant avec eux, et confirmant la parole par les SIGNES QUI S'EN SUIVAIENT.

Marc 16 : 20

Partout où la foi est grande, vous pouvez attendre davantage de puissance et de guérisons miraculeuses. Jésus dit souvent : « Ta foi t'a rendu tout entier. » C'est la foi qui permet les miracles ! Je sais que certains me comprendront mal à ce sujet. Je ne dis pas que Dieu ignore les congrégations de petite taille. Je travaille souvent auprès de petites congrégations, et je vois Dieu s'y manifester d'une manière merveilleuse. Dieu accomplit des miracles dans des églises de petite taille. Je veux simplement dire qu'en général, là où il y a plus de monde, il y a plus de foi, plus d'attente, et ainsi, plus de miracles. Je crois que n'importe quel chrétien est en mesure de comprendre cette logique élémentaire.

Une église plus grande signifie une foule plus nombreuse, qui signifie davantage de foi, qui signifie davantage de puissance, qui signifie davantage de miracles, qui signifient davantage de témoignages !

Ne voulez-vous pas que votre congrégation reçoive plus de gloire, de puissance et d'onction ? Cher ami pasteur, Dieu veut que vous ayez une plus grande église. Dans une plus grande église, Dieu, de Son saint trône, versera une plus grande quantité de bénédictions sur Son peuple.

14. Vous devez avoir une méga-église, car cela permet de faciliter l'évangélisation.

Car la parole du Seigneur a retenti de chez vous non seulement en Macédoine et en Achaïe, mais aussi en tout lieu, votre foi envers Dieu s'est répandue à l'étranger, de sorte que nous n'avons pas besoin d'en parler.

1 Thessaloniciens 1 : 8

L'un des bénéfices d'une église plus grande est de faciliter le développement de l'évangélisation. Notre cathédrale se divise en quinze chapelles environ. Sous l'égide de chaque chapelle se trouvent plusieurs ministères, qui eux-mêmes rassemblent plusieurs groupes.

Dans le cadre de notre politique, chaque ministère met en place un important travail de terrain tous les mois. Et puisque notre église compte de nombreux groupes, il arrive qu'aient lieu cinquante missions sur le terrain en même temps, organisées par cinquante groupes différents, en divers endroits !

Nous avons conquis davantage d'âmes, simplement parce que notre église avait grandi. C'est la volonté de Dieu de voir votre église grandir, afin que vous puissiez gagner davantage d'âmes pour le Seigneur.

15. Vous devez avoir une méga-église, parce qu'ainsi, vos revenus augmenteront, et vous pourrez les utiliser pour accomplir le travail de Dieu.

Car il n'y avait personne parmi eux dans le besoin ; parce que tous ceux qui possédaient des terres ou des maisons les vendaient, et apportaient le prix des choses qu'ils avaient vendues, Et les mettaient aux pieds des apôtres ; et la distribution était faite à chacun selon qu'il en avait besoin.

Actes 4 : 34-35

Rassembler plus de monde signifie également augmenter les revenus de l'église. Et si l'église dispose d'un bon pasteur, l'argent de l'église sera utilisé à bon escient. Malheureusement, certains pasteurs sont comme des vampires : ils sucent le sang de l'église au lieu de consacrer leur vie au ministère.

Des revenus plus importants signifient que davantage de buts spirituels peuvent être atteints. L'argent n'est pas maléfique. L'argent est neutre ! C'est l'amour de l'argent qui est maléfique ! L'argent se transforme en arme entre les mains d'un homme. Si un homme de bien a de l'argent, il l'utilisera pour faire le bien. Un bon ministre utilise les revenus d'une méga-église dans le but de la développer, et promouvoir l'Évangile !

Un jour, j'ai rêvé que nous aurions des camions, sillonnant les routes du pays pour organiser des croisades dans chaque ville et village. Il fut un temps où ce n'était qu'un rêve. Aujourd'hui, grâce à notre grande église, nous avons pu acheter des camions, et nous avons commencé à tenir des croisades à travers tout le pays. Comment cela s'est-il produit ? Nous sommes plus nombreux, nous avons donc plus d'argent, et nous pouvons accomplir davantage pour Dieu !

16. Vous devez avoir une méga-église parce qu'ainsi, des ministères spécifiques consacrés à des besoins spéciaux pourront se développer.

Il est important de désirer une grande église. Les pasteurs doivent rêver d'une large congrégation. Une grande église permet de multiplier les ministères, ce qui permet de multiplier plusieurs activités importantes au sein de l'église. Par exemple, cela permet de développer le ministère de la musique.

À l'origine, notre église n'avait qu'une seule chorale. Aujourd'hui, nous ne comptons pas moins de six chorales, auxquelles viennent s'ajouter de nombreux groupes de chant. Qu'est-ce que cela signifie ? Cela signifie qu'en grandissant, l'église a amorcé une multiplication vitale. Dieu veut que davantage de Ses enfants chantent pour Lui. Plus nous avons de groupes de chant, et plus Dieu est glorifié. Et le nombre de chorales que vous avez dépend du nombre de personnes qui fréquentent l'église.

Lorsque l'église grandit, sa composition devient plus variée, et cela entraîne le développement de ministères spécialisés. Lorsque votre église est petite, elle n'a que très peu de ministères spécialisés, comme le ministère des pauvres, des réfugiés ou des orphelins. Quand l'église s'agrandit, il est alors possible de s'impliquer dans certains de ces domaines. Et lorsqu'une église est en mesure de s'impliquer dans ces domaines, de nombreuses bénédictions en découlent !

Voyez donc les bénédictions occasionnées par les églises qui consacrent leur travail aux pauvres.

Béni est celui qui considère le pauvre ; le seigneur le délivrera au moment de l'inquiétude. Le seigneur le préservera et le gardera en vie ; et il sera béni sur la terre ; et tu ne le livreras pas au gré de ses ennemis.

Psaume 41 : 1,2

Ceux qui sont en mesure de se consacrer aux besoins spéciaux peuvent recevoir de puissantes bénédictions. Bien souvent, les églises de petite taille n'ont pas cette capacité. Ayez pour vision de construire une méga-église, et d'autres ministères spécialisés s'y développeront. Certains y exerceront un ministère du don. Il y a des églises comptant des hommes et des femmes qui ont à cœur de financer l'Évangile.

... celui qui donne, qu'il le fasse avec simplicité ;

Romains 12 : 8

Rares sont les membres d'une congrégation qui ont les moyens d'aider l'église de manière significative par leurs dons. Tous les pasteurs aimeraient avoir des fidèles pouvant couvrir les principales dépenses de l'église. Lorsque notre église en était à ses premiers stades, je n'avais personne pour m'aider de la sorte. À présent, il y a des gens qui en ont la possibilité, et exercent le ministère du don.

D'autres ministères, consacrés aux pauvres et aux handicapés, peuvent se développer. Pendant longtemps, j'ai rêvé de fonder un orphelinat. Mais il faut une église grande et forte pour pouvoir soutenir un tel projet. Si votre orphelinat compte cent orphelins, vous devez acheter trois cents repas par jour. Vous devez également acheter des vêtements pour cent enfants, vous devez payer leurs frais médicaux, et embaucher plusieurs professionnels pour en prendre soin. Je pense donc que vous ne me contredirez pas : il faut véritablement une méga-église pour mettre un tel ministère en place.

17. **Vous devez avoir une méga-église afin de parvenir à l'accomplissement de votre ministère.**

   Tant de ministres ne remplissent pas complètement leur travail pastoral ! Tant de ministres ne font qu'effleurer la surface de leur vocation ! Tant de ministres ne sont que l'ombre d'eux-mêmes ! La plupart des églises ont un potentiel de croissance. Souvent, cette croissance ne se produit pas, parce que le pasteur n'accomplit pas pleinement son travail. Chaque domaine de labeur possède des dimensions plus ou moins grandes. Vous devez vous efforcer d'atteindre la plus grande dimension possible dans votre travail pastoral.

   Mais toi, veille en toutes choses, endure les afflictions, fais l'œuvre d'un évangéliste ; REMPLIS COMPLÈTEMENT ton ministère.

   2 Timothée 4 : 5

18. **Vous devez avoir une méga-église parce qu'on y trouve davantage de « bien-aimés » (futurs époux potentiels).**

   Car il n'y avait personne parmi eux dans le besoin ; parce que tous ceux qui possédaient des terres ou des maisons les vendaient, et apportaient le prix des choses qu'ils avaient vendues.

   Actes 4 : 34

   Il y a des années, lorsque mon église était beaucoup plus petite, une jeune femme me dit : « Je ne trouve pas mon type d'homme dans cette église ». J'ai observé la congrégation, et je me suis alors rendu compte qu'elle avait raison. Il n'y avait là aucun prétendant qui pouvait convenir à cette femme. Quelques années plus tard, elle épousa un incroyant.

   Une autre fois, une autre femme me dit : « Tous les hommes ici sont trop jeunes pour moi. Je vais rejoindre une église plus grande, où je pourrai trouver mon futur époux ». Elle avait trente-neuf ans, et l'église ne comptait aucun homme célibataire d'une quarantaine d'années. Tous les hommes célibataires avaient entre vingt et trente ans. Dans une méga-église, on trouve des célibataires dans toutes les tranches d'âge, même les personnes de plus de soixante-dix ans peuvent trouver un époux ou une épouse.

19. Vous devez avoir une méga-église, car davantage de mariages y ont lieu.

Les gens aiment se marier à l'église. Les mariages apportent une bénédiction plus haute en couleurs à la congrégation, qui se réjouit toujours à l'annonce d'un futur mariage. Les fidèles sont ravis, pleins d'espoir, et ils prient pour que leur tour vienne bientôt. Davantage de mariages se produisent lorsque vous avez une méga-église. Une église saine et en pleine croissance, c'est une église qui connaît de nombreux mariages. Je prie constamment pour que davantage de mariages aient lieu au sein de mon église.

20. Vous devez avoir une méga-église parce que les fidèles y développent davantage de contacts et de connexions.

Comme nous en avons donc l'occasion, faisons du bien à tous, mais surtout à ceux de la maison de la foi.

Galates 6 : 10

Plus l'église est grande, et plus elle offre l'opportunité de se faire des contacts, des connexions. Soyons réalistes, de nombreuses choses en ce monde dépendent des « gens que l'on connaît » ! Vous pouvez aller plus loin dans la vie simplement parce que vous appartenez à une certaine église. Mon église compte des employeurs, à qui je peux recommander d'embaucher certaines personnes. Lorsque notre église était plus petite, elle ne rassemblait que des étudiants. Aujourd'hui, on peut facilement trouver du travail par le biais de l'église.

Les gens restent fidèles à un endroit qui leur procure davantage de bénédictions et de sécurité. Les membres d'une église apprécient les avantages supplémentaires qu'ils peuvent tirer de nouvelles rencontres.

21. Vous devez avoir une méga-église parce qu'il s'y trouve toujours un grand nombre d'employeurs potentiels pouvant aider les membres.

Au sein d'une grande église, vous trouverez davantage de personnes qui ont les moyens de donner du travail aux membres de la congrégation. Avec une méga-église, vous bénéficiez d'une opportunité de combattre le fléau du chômage au sein de votre congrégation.

Et la multitude, de ceux qui croyaient, n'était qu'un cœur et qu'une âme ; et nul ne disait que les choses qu'il possédait étaient à lui ; mais ils avaient toutes choses en commun.

Et avec une grande puissance les apôtres rendaient témoignage de la résurrection du Seigneur Jésus ; et une grande grâce était sur eux tous.

Car il n'y avait personne parmi eux dans le besoin ; parce que tous ceux qui possédaient des terres ou des maisons les vendaient, et apportaient le prix des choses qu'ils avaient vendues.

Actes 4 : 32-34

22. Vous devez avoir une méga-église afin de répondre à tous les besoins variés de votre congrégation. Une congrégation, c'est un groupe de personnes aux besoins divers. Lorsque je demande à une foule nombreuse d'exprimer leurs besoins, tout le monde prie avec ferveur, car tout le monde a un besoin. Si mille personnes sont réunies, elles auront mille besoins différents. Une méga-église vous offre la chance de répondre à un grand nombre d'entre eux. Dans une petite église, si quelqu'un a besoin de consulter un avocat, il est possible qu'il n'en trouve pas. Mais dans une grande église, il y a de fortes chances pour que vous puissiez trouver un avocat, un médecin, un ingénieur, un pharmacien ou même un psychiatre.

Et tous ceux qui croyaient étaient ensemble, et avaient toutes choses en commun ; Et ils vendaient leurs possessions et leurs biens, et les partageaient entre tous, selon le besoin que chacun avait.

Actes 2 : 44-45

23. **Vous devez avoir une méga-église car il y est plus facile d'atteindre le quota biblique des 25 % d'âmes gagnées au sein de la communauté.**

Et comme il semait, quelques [25 %] graines tombèrent le long du chemin... D'autres [25 %] tombèrent sur les endroits pierreux... Et d'autres [25 %] tombèrent parmi les épines... MAIS D'AUTRES [25 %] TOMBÈRENT DANS LA BONNE TERRE, et donnèrent du fruit ...

Matthieu 13 : 4-8

La Bible nous enseigne que le semeur alla semer la Parole de Dieu dans une ville. Il en résulta qu'une graine sur quatre (25 %) donna du fruit. Si nous gagnons ne serait-ce qu'un quart de nos villes pour le Christ, je vous assure que les églises ne seront plus à moitié vides.

Le temps d'atteindre le quota biblique des vingt-cinq pour cent de la population est venu pour l'église. Combien y a-t-il d'habitants dans votre ville ?

La ville d'Accra, au Ghana, compte environ quatre millions d'habitants. Selon ma petite théorie, au moins vingt-cinq pour cent d'entre eux auraient dû recevoir la Parole de Dieu, ce qui signifie que l'église devrait rassembler au moins un million de fidèles établis. Or, je me demande combien de personnes se rendent à l'église chaque dimanche matin. Je sais que c'est le cas de plusieurs milliers, mais je doute qu'ils atteignent notre quota des vingt-cinq pour cent de la population.

Si l'église de Dieu atteignait ce but des vingt-cinq pour cent, la ville posséderait des églises très grandes et très nombreuses. Chacune de ces églises tiendrait de multiples services du matin au soir. Faites vous-même le calcul ! Vous verrez bien que l'église est encore loin d'atteindre la barre des vingt-cinq pour cent. Combien de chrétiens nés de nouveau vont à l'église le dimanche matin dans votre ville ? Quelle est la population de votre ville ?

$$\frac{\text{Chrétiens nés de nouveau dans la ville qui fréquentent l'église}}{\text{Population totale de votre ville}} = 25\% \text{ ?}$$

Lorsque j'ai effectué le calcul pour ma propre ville, j'ai compris que nous étions loin d'égaler les résultats obtenus par le « semeur qui sortit pour semer ». Mais je prédis que les églises seront pleines dans les jours derniers. Le monde sera alors rempli de méga églises. Dieu veut de grandes églises parce qu'Il s'attend à ce qu'au moins vingt-cinq pour cent de la population reçoive notre prêche de manière positive.

24. Vous devez avoir une méga-église, parce que c'est une force avec laquelle il faut compter, qui devient une nation dans la nation.

Tandis que l'église s'agrandit, elle devient une puissante communauté. Elle devient virtuellement une nation en elle-même. Les gouvernements commencent à redouter le pouvoir et l'influence d'une méga-église, mais ils méprisent les petites églises. Ils savent qu'une grande église rassemble de nombreuses personnes, et donc de nombreux votants.

Les politiciens craignent le pouvoir des masses. Ils savent que c'est grâce à l'opinion populaire qu'ils restent au pouvoir. Ils savent que les pasteurs influencent les esprits. Il est facile de mépriser les petites choses. La Bible dit :

Car qui est-ce qui a méprisé le jour des choses petites ?

Zacharie 4 : 10

Les politiciens ne pourront plus mépriser la réalité du Royaume de Dieu lorsque celui-ci sera devenu énorme ! Ils ne pourront plus attaquer les pasteurs lorsqu'ils sauront combien de gens ils mènent.

Un jour, notre église fut attaquée, et les murs autour de nous furent démolis. Ceux qui nous attaquaient croyaient qu'ils pourraient s'en tirer facilement. Ils n'avaient pas conscience de la magnitude, de la force ou de la portée de l'influence de l'église qu'ils attaquaient. Et ceux qui « tiraient les ficelles » furent très surpris lorsque cette attaque provoqua une crise à l'échelle nationale. Plusieurs églises ainsi que l'opinion publique firent front contre nos agresseurs présumés. Les politiciens durent réagir rapidement afin d'éviter des manifestations à travers le pays et des troubles civils.

Pendant que vous lisez ce livre, je veux que vous croyiez que Dieu vous donnera une méga-église. Je veux que vous receviez l'onction afin de vous élever à la taille imposante que Dieu vous ait destinée.

25. Vous devez avoir une méga-église parce que la gloire de la dernière église sera plus grande que celle de la première église.

La gloire de cette dernière maison sera plus grande que la première, dit le Seigneur des armées...

Aggée 2 : 9

La Bible prédit que la gloire, c'est-à-dire la beauté, de la dernière église surpassera de loin celle de la première. Je crois que nous vivons l'heure de la dernière église. Lorsque je considère ce que le Seigneur a accompli au Ghana ces quinze dernières années, je me rends compte que Dieu accorde une plus grande gloire à Sa dernière église. Les plus grosses églises des quinze années précédentes correspondraient aujourd'hui à la taille des clubs de jeunes dans certaines des méga églises que Dieu a établies !

Je vais vous confier un secret très important. Dieu ne travaille pas avec une seule personne. L'Esprit de Dieu ne se manifeste pas que dans une seule église. **Si un pasteur a connu une grande croissance dans votre ville, cela montre clairement que pour prospérer ainsi, l'église a reçu la grâce de Dieu en abondance.**

Ceux qui croient que Dieu ne se sert que d'un seul homme se trompent !

Le Seigneur a puissamment touché le roi Achab à travers Élie le Tishbite (1 Rois 17 : 18,21). Mais un autre puissant prophète, Michée, fut également chargé d'exhorter le roi Achab. Dieu ne se limite pas à un seul homme.

Élie commit l'erreur de croire qu'il était le seul fidèle à Dieu.

Et il dit : J'ai été très jaloux pour le Seigneur Dieu des armées ; parce que les enfants d'Israël ont abandonné ton alliance, ils ont renversé tes autels, et ils ont tué tes prophètes avec l'épée ; et moi, dis-je moi seul, suis resté...

1 Rois 19 : 14

Mais le Seigneur lui montra qu'il lui restait sept mille autres prophètes fidèles.

Cependant je me suis réservé sept mille [hommes] en Israël, tous les genoux qui n'ont pas fléchi devant Baal, et toute bouche qui ne l'a pas embrassé.

1 Rois 19 : 18

De nombreuses grandes églises voient le jour. Dieu appelle des hommes et des femmes intègres afin de guider Son peuple. Suivez le flot. Attrapez l'onction ! Vous connaîtrez aussi la gloire de la dernière église. Apprenez les stratégies qui gouvernent la croissance d'une église. Obtenez le pouvoir et la sagesse de Dieu. Aimez vos frères et dirigez-vous vers eux. Aimez même ceux qui vous calomnient et vous trahissent. Chaque grande œuvre du Saint Esprit est le produit de l'amour, de l'unité et du travail d'équipe.

Je tiens vraiment à souligner cette grande vérité selon laquelle Dieu ne travaille pas uniquement avec une personne isolée. Saviez-vous que lorsqu'Ezechiel prophétisait, entre 622 et 600 av. J.-C., Daniel grandissait et prophétisait, entre 616 et 535 av. J.-C. ?

À cette époque, Dieu agissait au moyen de grands prophètes, et les hommes qui s'offrirent à cette vocation exercèrent un ministère très important. Il est également intéressant de noter que Jérémie accomplit son ministère entre 685 et 616 av. J.-C. Vous remarquerez que ces périodes se chevauchent, car l'Esprit de Dieu produit de grands résultats à travers de nombreuses personnes en même temps.

Esaïe (792-722 av. J.-C.), Nahum (786-757 av. J.-C.) et Michée (772-722 av. J.-C.) s'élevèrent dans le ministère à peu près à la même époque. Vous devez suivre les signes du Seigneur lorsqu'ils se présentent. Zacharie et Malachie ont tous les deux émis des prophéties au sujet de la fin des temps. Il est intéressant de noter que leurs ministères correspondent à la même période : 557-525 av. J.-C.

Qu'est-ce que j'essaie de dire ? Je vous montre que Dieu utilise de nombreuses personnes aux mêmes fins lors d'une même saison. Et en ce moment, il est en train de construire des méga églises ! Ne ratez pas cette occasion et devenez le pasteur que Dieu veut que vous soyez. Saviez-vous que Dieu a incité tout l'esprit de la réforme au 16e siècle ? Saviez-vous qu'Il n'est pas intervenu uniquement en Allemagne, à travers Martin Luther ?

Au moment où l'esprit de la réforme se répandait à travers le ministère de Martin Luther, il se propageait également par le biais de Zwingli, en Suisse. Si Martin Luther avait cru qu'il était le seul réformateur qui avait reçu l'onction, il se serait gravement trompé ! Dieu agit par vagues ! **Et en ce moment déferle une vague de croissance dans les églises.** C'est une vague qui moissonne de très nombreuses âmes ! Rejoignez le mouvement que Dieu a lancé ! Laissez Dieu se servir de vous pour bâtir une méga-église !

Ouvrez-vous à l'apprentissage de choses nouvelles. Souvent, dans mon église, nous disons : « Vous ne savez pas tout ! Vous et moi sommes en train d'apprendre. Chaque jour de nos vies doit être une leçon. Chaque personne que vous rencontrez peut vous apprendre quelque chose ! »

Puisque nous étudions le sujet de la croissance des églises par le pouvoir et la sagesse de Dieu, décidez donc de l'accomplir. Ne laissez pas les échecs passés vous freiner. Soyez quelqu'un « qui peut ». Laissez votre esprit s'élever et dites : « Nous sommes capables de posséder le monde. Nous pouvons y arriver ! »

... Montons tout de suite, et possédons-le ; car nous sommes bien capables de les vaincre.

Nombres 13 : 30

Lorsque vous dites : « Je peux y arriver », le Saint Esprit se manifestera pour accomplir ce qu'Il vous a appelé à faire. **N'oubliez pas que vous ne vous êtes pas appelé vous-même.** Fidèle est Celui qui vous a appelé, et Il en apportera la réalisation. **Vous êtes celui qui croit et Dieu est Celui qui agit.**

Je me souviens de l'époque durant laquelle notre église ne comptait qu'un seul membre possédant une voiture – c'était moi ! J'ai prié pour que d'autres personnes ayant une voiture nous rejoignent. Je l'ai déclaré, et j'ai commencé à croire que nous compterions dix membres possédant une voiture. Après quelque temps, mes prières à Dieu furent exaucées. Croyez que Celui qui vous a appelé, le fera.

Celui qui vous a APPELÉS, est fidèle, qui aussi le FERA.

1 Thessaloniciens 5 : 24

Je me souviens que je marchais le long des rues autour de la cantine que nous louions pour les services de notre église. Je parlai à la rue et je lui dis : « Remplis-toi de voitures ». Je parlai aux bancs vides et je leur dis : « Remplissez-vous de fidèles. » Aujourd'hui, nous dis-posons d'innombrables voitures, et d'innombrables membres dans notre église.

Chapitre 2

Comment mesurer la croissance de l'église

Si vous lisez ce qui est écrit au dos de ce livre, vous verrez que je ne précise pas combien de membres compte mon église. J'ai une bonne raison de ne pas le faire. Je crois en des chiffres exacts, et j'ai appris que beaucoup de personnes comptent les mêmes choses de façon différente ! Si je vous donne un chiffre, vous ne saurez pas exactement comment j'y suis parvenu. Par conséquent, vous risquez de vous faire une fausse opinion de moi.

Pour la crédibilité des pasteurs, il est important de dire ce que l'on pense et de penser ce que l'on dit.

Avant, j'étais surpris du nombre de membres que disaient avoir certains pasteurs dans leurs églises. Il m'arrivait d'aller dans ces églises pendant la nuit et de compter le nombre de chaises qu'on y trouvait (Je suis un spécialiste du comptage rapide de chaises). Je me demandais : « Comment peuvent-il prétendre avoir tant de membres dans leur église ? »

À mesure que je comptais et recomptais les chaises, je me rendais compte qu'il était impossible que ces chiffres soient exacts. Même avec un plus grand nombre de tentes et de cultes, il ne pouvait y avoir aucune corrélation entre les chiffres avancés et ce que je voyais.

Peut-être comptaient-ils toutes les personnes présentes en esprit, mais physiquement absentes. Après tout, l'Apôtre Paul disait qu'il fréquentait l'église de Corinthes en esprit.

Pour moi, absent de corps, mais présent d'esprit...

1 Corinthiens 5 : 3

Je ne pouvais pas me résoudre à croire que ces pasteurs disaient des mensonges. Je préfère penser que simplement, ils comptaient différemment. J'ai réalisé qu'il y avait différentes manières de compter. Il existe sept manières de compter dans le Corps du Christ. Et je pense que cela nous fera du bien à tous de savoir quel genre de comptage on utilise.

Sept (7) types de comptage

1. Type de comptage n° 1

Ce type de comptage consiste à compter le nombre d'êtres humains *physiquement présents*. C'est le fait de compter le nombre de personnes *présentes dans l'assemblée*. C'est le comptage par tête. **Je suis convaincu que ce type de comptage est celui qui donne le plus d'informations.** Mais il est probablement le moins utilisé, car c'est celui qui aboutit aux chiffres les plus faibles ! Quand je demande à la personne chargée d'enregistrer les données dans mon église de me donner des chiffres, c'est au *type de comptage n°1* que je fais allusion. J'ai besoin de connaître les chiffres du *type de comptage n°1*. Je travaille mieux avec ce type de comptage. Le fait est que seule une fraction des paroissiens vient à l'église le dimanche. Quand on regarde le *type de comptage n°1*, on se réfère uniquement à une fraction du nombre réel de brebis que Dieu nous a confiées. En dépit de cela, je préfère utiliser le *type de comptage n°1*, car cela me donne envie de faire mieux.

2. Type de comptage n° 2

Il consiste à compter le nombre total de personnes inscrites sur le registre de l'église. Beaucoup d'églises utilisent cette méthode pour compter leurs membres. Ce nombre augmente ou diminue en fonction de la date à laquelle remonte l'église pour compter ses membres. Il varie également selon que l'église met à jour et révise régulièrement ses listes de membres ou pas. Il dépend aussi de la manière dont l'église révise ses listes de membres.

Pour certaines personnes, un membre actif, c'est quelqu'un qui assiste au culte au moins une fois par mois. Pour d'autres, c'est quelqu'un qui assiste au culte tous les dimanches. Selon moi, un membre actif, c'est quelqu'un qui vient au culte en semaine et pas seulement le dimanche. Pour d'autres, c'est quelqu'un qui fait partie d'une cellule plus petite.

Tout cela peut faire varier les résultats du *type de comptage n°2*. Cela signifie que mes dix mille à moi peuvent être différents de vos dix mille à vous. **C'est pourquoi je préfère utiliser le type de comptage n°1, car aucune variation n'est possible dans la méthode de comptage par tête.**

Certains pasteurs utilisent le *type de comptage n°2* pour compter leurs membres réguliers. Quand vous allez dans leur église et voyez le nombre de personnes effectivement présentes, vous risquez d'être terriblement déçu.

Il y a souvent une très grande différence entre le nombre de personnes physiquement présentes et le nombre de personnes que le pasteur considère comme membres de son église. Vous pouvez même penser que le pasteur a tendance à mentir ou exagérer.

J'ai vu des cas où le *type de comptage n°1* ne représentait que 10 % du nombre de membres que prétendaient avoir ces pasteurs. L'église peut déclarer avoir dix mille membres lorsque seulement un ou deux mille d'entre eux assistent au culte.

3. Type de comptage n° 3

Ce type de comptage est souvent utilisé lors des grandes rencontres ou des croisades d'évangélisation organisées sur plusieurs jours. *C'est un comptage cumulatif.* On compte le nombre total de personnes présentes à ces rencontres. On peut par exemple dire que la rencontre a été un grand succès, avec une participation de dix mille membres. En fait, cela signifie que chaque soir, deux mille personnes étaient présentes, et ce pendant cinq jours ! Ce type de comptage est souvent trompeur et ne donne pas une image exacte de la réalité.

4. Type de comptage n° 4

Ce type de comptage consiste à prendre en compte la capacité du bâtiment. Un bâtiment peut avoir une capacité de trois mille places. À l'occasion d'un événement spécial, le pasteur pourrait dire qu'il y avait trois mille personnes à l'église. Parce que l'église paraissait pleine, il a *supposé* que trois mille personnes étaient présentes. C'est une fausse supposition. Le *type de comptage n°1* aurait facilement montré que seules deux mille personnes étaient présentes à l'église. Une salle qui peut contenir trois mille personnes, peut « sembler » pleine alors qu'elle ne contient que deux mille personnes. C'est pourquoi une fois de plus, je pense que le *type de comptage n° 1* nous aidera tous à savoir où nous nous situons et où nous devons aller.

5. Type de comptage n° 5

C'est lorsque les pasteurs font des estimations approximatives. Ils essaient de donner un chiffre raisonnable en regardant la foule. Le pasteur pense qu'il peut déterminer ainsi le nombre de personnes présentes. Il se base sur le fait qu'habituellement, quelque trois cents personnes assistent au culte. Ces approximations sont parfois exactes, mais dans d'autres cas, elles peuvent induire en erreur.

En utilisant le *type de comptage n° 5,* le pasteur de l'église locale aura tendance à avancer un chiffre plus élevé qu'un pasteur dirigeant une église sœur et présent en tant que visiteur et observateur. Le pasteur de l'église locale dira : « Deux mille personnes environ ont assisté au culte. » Le pasteur en visite dira : « Je pense que mille deux cents personnes environ ont assisté au culte. » Le pasteur en visite ne voudrait pas que cette église rivale paraisse trop grande, raison pour laquelle son chiffre à lui sera plus modeste.

6. Type de comptage n° 6

C'est ce que j'appelle une approximation exagérée et déraisonnable. Il y a quelques années, alors que notre église comptait huit cents membres environ, j'ai rencontré quelqu'un à Londres qui m'a dit : « J'ai entendu dire que vous avez organisé une rencontre à laquelle sept mille personnes ont assisté. »

Je lui ai demandé : « Qui vous a dit ça ? » Il m'a donné le nom de la femme qui lui avait dit cela. Cette dernière lui avait dit : « J'ai moi-même assisté à cette rencontre et il y avait quelque sept mille personnes. »

Je me suis toujours demandé : « Comment a-t-elle fait pour arriver à sept mille ? » Elle a dû deviner en utilisant le *type de comptage n° 6* – une approximation exagérée !

7. Type de comptage n° 7

Ce type de comptage vise à faire mieux que tout le monde. Le pasteur avance un chiffre plus élevé que ceux de sa ville. Si l'église la plus grande de sa ville a déclaré qu'elle comptait cinq mille membres environ, le pasteur dira toujours avoir six ou sept mille membres environ. Ce pasteur souffre d'un esprit de mensonge et d'exagération.

Les Écritures disent-elles qu'il faut compter ?

Posons-nous les questions suivantes : la Bible dit-elle qu'il faut compter ? Les Écritures disent-elles qu'il faut se soucier des nombres ? Ne devrions-nous pas nous soucier de la qualité plutôt que de la quantité ? La réponse est implicite dans les Écritures.

Le comptage se faisait dans l'Ancien Testament. Il y a tout un livre consacré au dénombrement, le livre des Nombres. Dans ce livre, le nombre de personnes, de soldats et de membres de la tribu était enregistré. Cependant, Dieu s'est un jour mis en colère contre le Roi David parce qu'il avait dénombré le peuple. Cela montre clairement que lorsque le dénombrement est fait dans une mauvaise intention, cela déplaît à Dieu. Par exemple, si vous mettez votre foi dans les nombres, si vous faites confiance aux nombres, vous faites une grosse erreur.

> **… car rien n'empêche l'Éternel de sauver au moyen d'un petit nombre comme d'un grand nombre.**
>
> **1 Samuel 14 : 6**

Dieu démolira tout ce en quoi vous mettez votre confiance. Il veut que vous ayez foi en lui et en lui seul.

Dans le Nouveau Testament, on parle beaucoup de dénombrement. Tout le monde sait que Dieu avait douze disciples. On sait que Jésus avait envoyé en mission soixante-dix personnes. Après qu'il eût ressuscité des morts, Il apparut à *cinq cents personnes*.

On sait également que cent vingt personnes attendaient la venue du Saint-Esprit dans la chambre haute. Le livre des Actes dit qu'un jour, Pierre prêcha *trois mille* personnes. On sait également qu'un autre jour, *cinq mille* personnes répondirent à l'appel de Pierre lors d'une croisade.

Si ces chiffres n'étaient pas importants, pourquoi la Bible les aurait-elle mentionnés ? **Dieu, à travers le Saint-Esprit, nous a enseigné que le nombre de personnes participant à une quelconque rencontre spirituelle** est un indicateur important. Les nombres sont importants.

La Bible dit que Dieu nous récompensera pour la qualité de notre travail.

> **... et le feu éprouvera CE QU'EST l'œuvre de chacun.**
> **1 Corinthiens 3 : 13**

Mais Luc 19 montre que Dieu nous jugera en fonction de la quantité de travail que nous aurons accompli en Son nom.

> **Un homme de haute naissance s'en alla dans un pays lointain... Lorsqu'il fut de retour, après avoir été investi de l'autorité royale, il fit appeler auprès de lui les serviteurs auxquels il avait donné l'argent, afin de connaître COMMENT chacun l'avait fait valoir.**
> **Luc 19 : 12,15**

Dieu s'intéresse au type de travail que vous effectuez. Il s'intéresse aussi à sa quantité.

Trois (3) dangers du comptage

1. Envie d'impressionner, mensonge et exagération

Beaucoup de pasteurs ont un besoin impératif de dire des choses impressionnantes. Si tous ceux qui vous entourent disent avoir des milliers de membres, vous pouvez sembler ridicule si vous dites n'en avoir que quelques centaines.

On dirait même que vous n'avez pas été appelé par Dieu. *Dieu ne nous récompensera pas à cause du nombre de membres de notre église. Il nous récompensera à cause de notre fidélité.*

Un jour, j'ai participé à un séminaire organisé par une grande église. J'ai compté le nombre de personnes assises. Comme je vous l'ai dit, je suis devenu spécialiste dans l'art de compter les chaises ou les gens très rapidement. Il y avait quelques milliers de personnes. Plus tard, j'entendis le pasteur dire que plusieurs autres milliers de personnes avaient assisté à cette rencontre. Pour ce dernier, la tentation d'impressionner et d'exagérer était probablement trop forte. J'y avais assisté en personne ! J'avais moi-même compté le nombre de personnes présentes. Mais j'entendais un chiffre sept fois plus élevé que la réalité. Peut-être que les autres milliers de personnes étaient présentes en esprit. Si les gens que vous comptez sont présents en esprit, dites-le nous, afin que nous cessions de chercher à les voir en chair et en os.

2. Se mentir à soi-même et être trop sûr de soi

Il est facile de se mentir à soi-même quand on utilise la mauvaise méthode de comptage. Un jour, j'ai entendu un pasteur dire : « L'extérieur du bâtiment était entièrement plein ». Il a ajouté : « Les gens étaient assis sous des tentes. » C'est à cela qu'il voyait que les choses allaient mieux. Mais c'est un leurre. J'ai appris à ne pas faire confiance à ce type de comptage. Je n'ai pas envie de me mentir à moi-même. Je veux connaître la vérité. Quand vous vous mentez à vous-même, vous vous prenez pour ce que vous n'êtes pas ! Vous avez une trop haute opinion de vous-même, et cela entraînera votre chute.

> ... je dis à chacun de vous de n'avoir pas de lui-même une trop haute opinion...
>
> **Romains 12 : 3**

3. Le découragement

Si vous comptez trop souvent, il est possible que vous vous décourragiez. Le comptage doit vous permettre d'avoir des chiffres sur lesquels vous pouvez vous baser. Cela vous aidera à savoir si les choses se sont améliorées au fil des mois.

Toutefois, si vous cherchez à perdre du poids, je ne vous conseillerai pas de vous peser tous les jours. Vous risquez de déprimer parce que vous ne verrez aucun changement.

La croissance ne devrait et ne peut pas être mesurée avec une telle fréquence. La fréquentation d'une église peut varier si fortement que la mesurer chaque semaine risquerait d'affaiblir le cœur du pasteur. Je demande au responsable des placeurs ou à celui des données de faire un comptage du type n° 1 tous les dimanches. Mais je ne lui demande les chiffres que des mois après. Cela m'aide à voir s'il y a une amélioration.

Quatre (4) avantages du dénombrement

1. Les nombres vous permettent de vous situer.

Quand vous savez où vous vous situez, vous pouvez mieux préparer l'avenir. (Quand vous savez où vous vous situez, vous savez où vous voulez aller). Cela vous aide à voir ce que vous faites réellement. Il est facile de vous mentir à vous-même. Connaître les vrais nombres vous aidera à avancer avec Dieu.

2. Le dénombrement vous permet d'éviter un refroidissement.

Il existe une loi de la dégénérescence dans ce monde. Toute chose naît pour mourir dès l'instant où vous cessez de poser le regard sur elle. La Bible nous apprend que nous devons bien connaître chacune de nos brebis.

Connais bien chacune de tes brebis, donne tes soins à tes troupeaux ; car la richesse ne dure pas toujours...

Proverbes 27 : 23-24

Le dénombrement est un bon moyen de connaître l'état de vos brebis. Si on vous informe que les choses se dégradent, vous allez vous secouer ! Quand vous êtes stimulé par des chiffres réels, cela génère en vous une vision plus grande concernant l'accomplissement de l'œuvre de Dieu. Cela vous incite à bâtir le royaume de Dieu.

Un jour, j'ai demandé au responsable des données de mon église combien de personnes avaient assisté au culte ce dimanche-là. Il me donna les chiffres. Cela me découragea parce que je me disais qu'après toutes ces années de dur labeur, ces chiffres étaient vraiment très bas. Mais lorsqu'il parla du nombre d'antennes et de branches de l'église, le véritable fruit du ministère m'apparut plus clairement et cela m'encouragea un peu plus. Je décidai alors de créer d'autres églises et d'œuvrer pour davantage de croissance dans l'église-mère.

3. **Le dénombrement stimule la croissance et génère une nouvelle vision et compassion pour les âmes perdues.**

Vous ne vous contentez plus de la petitesse. Cela vous pousse à prier. Connaître exactement le nombre de personnes faisant partie de mon ministère m'a toujours poussé à prier plus, jeûner plus et chercher Dieu encore plus. Vous savez que la prière change les choses, et que la prière peut changer de mauvais chiffres.

4. **Compter le troupeau est un précieux outil qui me permet de gérer la croissance et la décroissance de l'église.**

Cela vous guide lorsque vous devez mettre l'accent sur les visites et vous auto-évaluer dans les domaines qui empêchent la croissance.

Quatorze (14) nombres importants

Il y a des nombres que tout pasteur doit constamment avoir en tête. Chacun de ces nombres a son importance. J'ai constaté que chaque rencontre est significative pour la vie et le développement de l'église.

1. Le nombre de personnes physiquement présentes au culte du dimanche matin (type de comptage n°1)

Ce nombre ne représente qu'un pourcentage du nombre réel des membres de votre église. Dans une église-type, beaucoup de personnes sont absentes certains dimanches. C'est ce qui explique que ce nombre varie autant. Le nombre de personnes présentes au culte du dimanche est celui qui permet le mieux de connaître la tendance générale.

2. Le nombre de personnes présentes au culte en semaine

Cela vous permet de savoir combien de membres réellement engagés vous avez. Les chrétiens les plus sérieux trouvent le temps de venir au culte en semaine. Vous constaterez que l'onction et l'action du Saint-Esprit sont différentes en semaine. C'est une onction d'entreprise qui se manifeste, car les plus fidèles sont réunis. Les chrétiens tièdes et religieux empêchent l'atmosphère de se détendre.

3. Le nombre de personnes appartenant aux petits groupes de partage

Ce nombre vous indique à quel point la structure interne du ministère est développée. Certaines églises arrivent à rassembler des milliers de personnes pour des conventions spéciales, mais ne sont pas capables de faire venir cinquante personnes de façon régulière aux rencontres par petits groupes. Ces petits groupes sont importants, car ils permettent de répondre aux besoins personnels des paroissiens.

4. Le nombre de personnes assistant aux réunions de jeûne et de prière

Cela vous montre le nombre de combattants spirituels dont vous disposez. Ce nombre est très différent du surnombre de personnes assistant aux conventions. Tous les pasteurs doivent avoir pour objectif de construire un vaste noyau de combattants spirituels. Ces personnes pourraient être celles sur qui on peut le plus compter.

5. Le nombre de personnes assistant à une convention

Les foules présentes lors des conventions comportent un grand nombre de personnes très excitées. On y trouve beaucoup de « chercheurs de miracles » et de « chercheurs de signes ».

6. Le nombre de personnes absentes à chaque culte

Ce nombre est très important. Il vous indique combien de personnes s'échappent. Cela montre probablement l'étendue du travail des pasteurs et des bergers. Il se peut qu'on n'ait pas prié pour ces personnes ou qu'on ne leur ait pas rendu visite.

7. Le nombre de membres de la chorale de l'église

La chorale est semblable à une fleur sur une plante. C'est souvent ce que voient les personnes de l'extérieur. Elle est souvent le reflet de la capacité d'organisation des dirigeants de l'église. Elle montre si les pasteurs exploitent bien les talents de la congrégation.

8. Le nombre de personnes vivant dans la ville où se trouve votre église

La taille d'une église dépend toujours de celle de la ville où elle se trouve. Les plus grandes églises du monde se trouvent dans les plus grandes villes du monde. Par exemple, si 0,1% des habitants d'Accra (une ville de quatre millions d'habitants) sont membres de Lighthouse, notre église comptera quatre mille membres. Si ce nombre passe à six mille, cela ne représentera quand-même que 0,15% de la population d'Accra. Avec un tel pourcentage, on paraît insignifiant.

Ce chiffre doit être calculé chaque année, afin de savoir l'impact que nous avons sur la ville. Si ce pourcentage est insignifiant, cela doit nous inciter à faire davantage de visites, de prières, de jeûnes, et de témoignages. Cela signifie qu'il nous faut plus de pasteurs, de bergers, d'églises, de ministères et de groupes de partage. Il nous faut inviter plus de gens, faire davantage de suivi, organiser davantage de croisades et libérer plus de puissance.

9. Le nombre de personnes donnant leur vie à Christ chaque dimanche

Cela montre à quel point le pasteur se soucie des âmes perdues. Cela montre si les paroissiens invitent des non-chrétiens à l'église. Cela montre si l'église remplit la Grande Mission en amenant les gens à naître de nouveau.

10. Le pourcentage de personnes ayant reçu le salut à l'église

De temps en temps, il est intéressant de savoir combien de personnes sont nées de nouveau à l'église. Cela montre l'originalité de l'église. Nombre de mes paroissiens ont été sauvés à la Lighthouse Cathedral. Certaines églises sont constituées de membres ayant quitté d'autres églises. Étant donné que la majorité de leurs membres appartiennent à cette catégorie, elles ne savent pas comment faire pour gagner des âmes par elles-mêmes. Toute église doit savoir comment gagner des âmes intentionnellement et intégrer les nouveaux convertis.

11. Le nombre de nouveaux convertis encore à l'église au bout de deux mois

Cela montre si un suivi est effectué.

12. Le nombre d'ouvriers laïcs dans l'église

Cela montre l'étendue de l'engagement de la congrégation envers le ministère. Ce nombre indique le pourcentage de personnes endormies dans l'église. Quand un être humain est endormi, seulement 8% de son organisme est en activité. Si seulement 8% de vos membres sont actifs, cela signifie que votre église est endormie.

13. Le nombre de personnes payant la dîme

Cela indique le nombre de personnes vraiment loyales dans l'église. La Bible dit : « Car là où est ton trésor, là aussi sera ton cœur ». Cela vous montre combien de personnes dans l'assemblée ont le cœur solidement planté dans l'église.

14. Le nombre de personnes assistant au culte le 31 décembre

En général, la participation à ce culte est très grande. L'expérience montre que c'est le culte qui rassemble le plus grand nombre de personnes au cours de l'année. Les personnes superstitieuses se précipitent à l'église pour que Dieu les y voie à l'aube du Nouvel an. Tous ceux que vous n'avez pas vus au cours de l'année écoulée réapparaissent parfois le 31 décembre. Le pasteur se sent souvent encouragé par la foule du 31 décembre. Ce surnombre revient souvent à la normale au bout de quelques semaines.

Chapitre 3

Comment vous pouvez recevoir l'onction

… Ce n'est ni par la puissance ni par la force, mais c'est par mon esprit, dit l'Éternel des armées.

Zacharie 4 : 6

Nous devons réaliser que le ministère diffère des autres emplois séculiers. Dans le monde séculier, il faut beaucoup de choses pour réussir. Zorobabel essayait de bâtir le temple. Nous essayons de bâtir l'église. Bâtir l'église et bâtir le temple sont une seule et même chose. Ce qui était valable pour Zorobabel l'est également pour nous.

La Bible dit clairement que c'est n'est pas par un pouvoir quelconque que l'église sera bâtie. **L'église sera bâtie par la puissance du Saint-Esprit,** *un point, un trait.* Certaines personnes disent en parlant de moi : « C'est parce qu'il a fait des études qu'il réussit. » Ce n'est pas par la puissance des études. Il y a dans le ministère des personnes instruites dont l'église n'est même pas comparable à un tas de haricots. Ce n'est pas par l'instruction, mais par l'onction.

Le beau pasteur

Un jour, j'ai lu un journal qui disait : « le pasteur de cette église est beau. C'est la raison pour laquelle beaucoup de jeunes filles y vont. » Mais il y a beaucoup de pasteurs soi-disant pas beaux, dont le ministère compte des milliers de membres.

D'autres encore disent : « C'est à cause de leur passé. » « C'est à cause de l'endroit où se situe l'église. » « C'est parce que les membres de l'église sont riches. » « C'est parce qu'on y joue de la bonne musique. » « C'est grâce aux instrumentistes. » Chacun essaie d'expliquer pourquoi ceci ou cela marche ou ne marche pas. Il y a des pasteurs qui m'ont dit : « Je suis sûr que vous avez des stratégies ! » Ils pensent que j'ai toutes sortes de tactiques secrètes pour faire marcher mon ministère. Certaines personnes pensent que j'ai des talents d'administrateur, ce qui explique que les choses marchent.

Dans ce chapitre, je souhaite vous parler d'un facteur important, celui qui vous permettra d'entreprendre et d'accomplir de grandes œuvres pour le Seigneur. Je crois en l'instruction. Je crois en l'administration. Je crois aux stratégies. Toutefois, j'en suis arrivé à la même conclusion que Zacharie : *Ce n'est ni par une forme quelconque de puissance ou de force, mais par mon esprit, dit le Seigneur.*

L'esprit dont parle le Seigneur, c'est l'onction. La Bible dit dans Actes 10 : 38 : « Vous savez comment Dieu a oint du Saint-Esprit et de force Jésus de Nazareth... » Vous verrez dans les Saintes Écritures que la substance dont Dieu a oint Jésus, c'est le Saint-Esprit. On peut donc en conclure que l'onction, c'est le Saint-Esprit.

Nous avons besoin de l'onction pour faire l'œuvre du Seigneur. Le ministère n'est ni quelque chose d'humain, ni quelque chose de naturel. Plus tôt un pasteur le comprend, mieux il se porte. Quand vous voyez un pasteur qui réussit, voyez au-delà des apparences et voyez-y quelque chose de spirituel. Voyez comment opère l'onction. Il est revêtu d'un manteau invisible qui lui permet d'accomplir ce qu'il fait. **C'est ce manteau invisible que j'appelle l'onction. Cela explique pourquoi certaines personnes réussissent et d'autres pas.** Cela explique pourquoi certaines personnes réussissent mieux que d'autres dans des conditions identiques.

Un pasteur ne peut diriger une grande église que s'il a reçu l'onction qui lui permet de le faire. Cela fait presque une vingtaine d'années que j'exerce dans le ministère et je sais par la parole de Dieu et par expérience que c'est par l'onction et rien d'autre ! Jésus a dit à Pilate que toute sa puissance lui avait été accordée par Dieu. Une personne ne peut avoir de la puissance que si Dieu lui en a donné.

> Jésus répondit : Tu n'aurais sur moi AUCUN POUVOIR, s'il ne t'avait été donné d'en haut...
>
> Jean 19 : 11

Je suis convaincu que Dieu sélectionne le gens et les oint pour des tâches spécifiques. Quand je regarde le cours de ma vie, je me rends compte que j'ai été oint pour faire précisément ce que je fais. Cela n'a rien à voir avec le fait d'être simplement rempli du Saint-Esprit en tant que chrétien. Parce qu'il est important d'être oint, nous devons nous demander : « Comment faire pour acquérir cet indispensable ingrédient ? »

Il est très important de se rendre compte que l'onction ne s'enseigne pas, mais *s'acquiert*. Comment fait-on pour posséder cet ingrédient si particulier ? Est-ce quelque chose d'accessible à tous ou est-ce réservé à un petit nombre ? Dieu est celui qui introduit l'onction sur terre. Il le fait de façon souveraine. J'ai noté différents moyens par lesquels l'onction arrive sur la terre.

Huit (8) moyens par lesquels arrive l'onction

1. Onction transférée à la fin d'une vie

Dans ce type de transfert, lorsqu'un homme arrive en fin de vie, son onction est transmise à quelqu'un d'autre. La personne qui en hérite commence souvent à prêcher après la mort de celui qui avait reçu cette onction à l'origine. Le cas de Josué illustre bien ce propos. Josué avait reçu l'onction qui allait lui permettre de diriger le peuple d'Israël à la mort de Moïse.

Une onction transférée est une onction qui va d'une personne à une autre. **Ce transfert peut avoir lieu lorsqu'un homme de Dieu décède ou se retire de la scène. Son manteau revient alors directement à quelqu'un d'autre.** Le départ d'Élie s'est traduit par un transfert de son onction à Élisée. Son onction est donc restée sur terre, mais opérait à travers un autre être humain.

Dieu tient à ce que son œuvre sur terre soit achevée. Pour cela, il utilise tous les récipients disponibles. J'appelle cela une *onction transmise* à la fin d'une vie parce que la mort met fin à la vie et au ministère d'un homme, et son onction est transmise à quelqu'un d'autre. C'est également ce qui s'est passé avec le ministère de Jésus. Aussitôt qu'il se fut retiré, l'onction qui opérait à travers lui pendant son séjour sur terre se mit à opérer à travers les disciples. Les gens s'étonnèrent. Seul le fait que Pierre et Jean aient fréquenté le Christ pouvait expliquer leur nouveau charisme.

> **Lorsqu'ils virent l'assurance de Pierre et de Jean, ils FURENT ÉTONNÉS, sachant que c'étaient des hommes du peuple sans instruction ; et ils les reconnurent pour avoir été avec Jésus.**
>
> **Actes 4 : 13**

2. Onction transférée du vivant d'une personne

Le type d'onction suivant est *l'onction transférée du vivant* d'une personne. **Dans ce cas, l'onction d'une personne se transmet de son vivant à une autre personne.** Un homme de Dieu qui est béni par une longue vie peut voir l'onction qui repose sur sa vie opérer à travers d'autres.

À titre d'exemple, l'onction qui reposait sur Saül le quitta et fut remplacée par un mauvais esprit. Entre-temps, son successeur, David, reçut l'onction du vivant de Saül. Ce dernier, voyant que l'onction permettant de devenir roi reposait sur David, se mit à le craindre. **C'est quelque chose de très courant dans le ministère.** Même le prophète Samuel craignait d'oindre David du vivant de Saül. Il savait que cela engendrerait beaucoup de jalousie et de haine.

> **L'Éternel dit à Samuel : ... Remplis ta corne d'huile, et va ; je t'enverrai chez Isaï, Bethléhémite, car j'ai vu parmi ses fils celui que je désire pour roi. Samuel dit : Comment irai-je ? SAÜL L'APPRENDRA, ET IL ME TUERA.**
>
> **1 Samuel 6 : 1-2**

Il arrive que des hommes de Dieu plus âgés se rendent compte que l'onction qui reposait sur eux a été transmise à quelqu'un d'autre. Ce constat peut les amener à combattre le nouveau pasteur sur qui ils voient reposer l'onction. N'avez-vous jamais vu cela dans votre ville ? Les hommes de Dieu les plus âgés qui ne sont plus sûrs d'eux luttent pour garder leurs postes, alors que Dieu agit à travers d'autres. Dieu permit à Saül de combattre David pour éprouver le caractère de David. Toutes choses concourent au bien de ceux qui sont appelés.

3. Onction partagée

C'est lorsque Dieu prend l'onction qui repose sur un homme et la met sur plusieurs personnes à la fois. C'est alors qu'on voit plusieurs hommes de Dieu œuvrer à la même époque et travailler de manière identique. À l'époque de la Bible, plusieurs prophètes vivaient et prophétisaient presque à la même époque. Dieu avait pris l'onction qui reposait sur Moïse et l'avait répartie entre soixante-dix personnes.

> **… Assemble auprès de moi soixante-dix hommes… je prendrai de l'esprit qui est sur toi, et je le mettrai sur eux…**
>
> **Nombres 11 : 16-17**

Les soixante-dix hommes étaient oints. Ils avaient reçu une partie de l'onction de Moïse et faisaient la volonté de Dieu. J'ai vu l'onction qui reposait sur ma vie se transmettre à beaucoup de mes pasteurs. Je les vois agir sous l'effet de la même onction que la mienne. Je les ai vus acquérir cette onction.

4. Tranfert d'une onction modifiée

L'étape suivante du transfert de l'onction est ce que j'appelle le *transfert d'une onction modifiée*. **Dans ce cas, l'onction qui se transmet d'un individu à l'autre est modifiée au cours du processus de transmission.** Ici, celui qui reçoit l'onction peut exercer dans le ministère d'une manière complètement différente par rapport à celui sur qui l'onction a été prélevée. Les ministères de Moïse et de Josué en sont un bon exemple. Moïse est celui qui a imposé les mains à Josué et lui a transmis l'Esprit (l'onction).

> **Josué, fils de Nun, était rempli de l'esprit de sagesse, car Moïse avait posé ses mains sur lui.**
>
> **Deutéronome 34 : 9**

En somme, Josué avait reçu l'onction permettant de mener des batailles et de conquérir de nouveaux territoires. Moïse ne conquit aucun territoire, mais on voyait que Josué et lui avaient des choses en commun. Josué traversa le Jourdain en se servant de « l'onction de la traversée de la Mer rouge » qu'il avait reçue de Moïse. Il dirigeait les gens avec l'autorité de Moïse. Mais en dehors de cela et d'un petit nombre de choses, Josué était assez différent de Moïse.

5. Transfert d'une onction déclinante

La *transmission d'une onction déclinante* se fait lorsqu'une onction est transférée à une personne avec moins de force et de gloire. C'est souvent une manière pour Dieu de mettre fin à un ministère particulier. Les ministères des rois David et Salomon en sont un bon exemple.

L'onction royale de David fut transmise à son fils Salomon, puis à Jéroboam et Roboam. Les fils de Salomon n'avaient pas reçu de Dieu la grâce de régner sur l'ensemble des douze tribus d'Israël.

Personne ne se souvient même des noms des rois ayant vécu après Salomon. **C'est parce que l'onction royale diminua avec le temps.** Dieu avait fait comprendre à Salomon avant sa mort que l'onction qui reposait sur son fils allait sensiblement diminuer.

> **Mais j'ôterai le royaume de la main de son fils (Roboam), et je t'en donnerai dix tribus ; je laisserai une tribu à son fils...**
>
> **1 Rois 11 : 35-36**

Certaines universités américaines ont commencé comme des institutions chrétiennes dotées d'une vision chrétienne. Aujourd'hui, il n'y reste pas la moindre trace de chrétienté.

6. Transfert d'une onction ameliorée

C'est lorsque l'onction qui est transférée sur une personne est bonifiée. Par exemple, Élisée avait le double de l'onction d'Élie et opérait deux fois plus de miracles. Ce type de transmission est inhabituel. Notez qu'Élie avait dit à Élisée qu'il demandait quelque chose de difficile, c'est-à-dire la transmission d'une onction améliorée.

> **... Tu demandes une chose difficile.**
>
> **2 Rois 2 : 10**

7. Réintroduction d'une ancienne onction

On voit ce type de transmission se faire entre Jean-Baptiste et Élie. Dieu avait décidé de réintroduire *l'onction d'Élisée* à travers un homme nommé Jean-Baptiste. En effet, Dieu était en train d'accomplir un travail qui nécessitait un ministère aussi spectaculaire que celui d'Élie.

> **... et, si vous voulez le comprendre, c'est lui qui est l'Élie qui devait venir.**
>
> **Matthieu 11 : 14**

Je suis convaincu qu'une partie des onctions apostoliques et prophétiques de l'église primitive est en train d'être réintroduite dans l'église actuelle. On voit par conséquent réapparaître les miracles et les prophéties.

Les églises sont plus grandes et les pasteurs prêchent entre 3000 et 5000 personnes comme Pierre l'a fait dans le livre des Actes.

La Bible prédit que deux prophètes dotés d'une onction particulière apparaîtront pendant les derniers jours pour défier l'anti-Christ. La Bible dit que ces deux prophètes feront certaines choses. En examinant de près le ministère de ces deux prophètes des derniers temps, on voit une grande similitude avec les onctions de Moïse et d'Élie. *Une fois de plus, c'est le principe de l'onction réintroduite qui est appliqué.*

Ces deux prophètes auront le pouvoir de faire descendre le feu du ciel. Ils auront également le pouvoir d'empêcher la pluie de tomber pendant trois ans et demi. Cela fait beaucoup penser à Élie. La Bible dit aussi qu'ils auront le pouvoir de changer l'eau en sang et de faire apparaître des plaies chaque fois qu'ils le voudront. Une fois de plus, cela fait penser à l'onction qui reposait sur Moïse.

> **Je donnerai à mes deux témoins le pouvoir de prophétiser, revêtus de sacs, pendant mille deux cents soixante jours. Ce sont les deux oliviers et les deux chandeliers qui se tiennent devant le Seigneur de la terre. Si quelqu'un veut leur faire du mal, DU FEU SORT de leur bouche et dévore leurs ennemis ; et si quelqu'un veut leur faire du mal, il faut qu'il soit tué de cette manière. Ils ont le pouvoir de fermer le ciel, afin qu'il ne tombe point de pluie pendant les jours de leur prophétie ; et ils ont le pouvoir de CHANGER LES EAUX EN SANG, et de FRAPPER LA TERRE DE TOUTE ESPÈCE DE PLAIE, chaque fois qu'ils le voudront.**
>
> **Apocalypse 11 : 3-6**

Encore une fois, il semble que Dieu réintroduit une ancienne onction pour accomplir un travail important. **L'onction qui reposait sur Moïse servit à combattre un pharaon despotique et répressif. L'onction qui reposait sur Élie servit à affronter un des rois les plus détestables et incorrigibles d'Israël, Achab.**

Pour anéantir l'anti-Christ, un des hommes les plus tyranniques et méchants que décrive la Bible, il faudra une combinaison de ces deux onctions très puissantes. Peut-être que l'anti-Christ lui-même combinera les mauvais esprits ayant opéré à travers le roi Achab et Pharaon.

Cette étude nous permettra de comprendre que Dieu fait des choses spécifiques pour des raisons spécifiques. Peut-être souhaitez-vous avoir un ministère de miracles pour impressionner les gens. Dieu lui, souhaite atteindre son objectif. Il ne veut peut-être pas que vous opériez des miracles, mais simplement que vous enseigniez sa parole. Jean-Baptiste n'a opéré aucun miracle, mais il a accompli son ministère. Il a préparé la venue de Christ. Jésus a dit de Jean-Baptiste qu'il était le plus grand prophète qui ait existé.

> ... parmi ceux qui sont nés de femmes, il n'en a point paru de plus grand que Jean-Baptiste.
>
> **Matthieu 11 : 11**

Vous ne pouvez que vous aligner sur l'objectif de Dieu. Dieu ne fera rien en dehors de cet objectif. Si vous réalisez l'objectif que Dieu a fixé pour votre vie, Jésus dira de vous que vous êtes un « grand ». Cherchez à connaître l'objectif de Dieu et poursuivez-le. En fin de compte, c'est l'objectif de Dieu qui sera atteint, pas le vôtre.

> **VOILÀ LA RÉSOLUTION PRISE contre toute la terre, Voilà la main étendue sur toutes les nations. L'Éternel des armées a pris cette résolution : qui s'y opposera ? Sa main est étendue : qui la détournera ?**
>
> **Ésaïe 14 : 26-27**

8. Onction nouvelle et originale

Ici, une personne entre en scène et Dieu lui donne une onction qui permet de faire de nouvelles choses. Ce n'est pas quelque chose de très commun ! En étudiant la Bible, on s'aperçoit que Dieu introduit rarement une onction nouvelle et originale.

Le moyen le plus commun par lequel Dieu introduit une onction, c'est à travers d'autres personnes. Élie le Thischbite apparut avec ce que je crois être une onction nouvelle et originale.

Deux autres personnes, Élisée et Jean-Baptiste, opérèrent avec la même onction que celle qui reposait sur Élie. La seule différence était qu'Élie opérait au moyen d'une *onction nouvelle et originale* ! Élisée opérait au moyen d'une onction *transférée et améliorée* et Jean-Baptiste lui, opérait au moyen d'une *onction réintroduite*.

Chapitre 4

Ce que vous devez comprendre à propos de l'onction

Tout pasteur véritable doit avoir le vœu d'acquérir l'onction. Sans l'onction, votre ministère n'est rien d'autre que de la philosophie et votre église qu'une institution dotée d'une idéologie. Si vous voulez avoir une grande église, il vous faut l'onction. Pour enseigner la parole, il vous faut l'onction. Pour devenir prophète, il vous faut l'onction. Sans l'onction, vous avez autant de chances de devenir pasteur que moi de devenir Prince de Galles.

Vous devez savoir certaines choses concernant l'acquisition de l'onction.

Cinq (5) faits relatifs à l'onction

1. Il est difficile d'acquérir une onction

> … Élie dit à Élisée : demande ce que tu veux que je fasse pour toi, avant que je sois enlevé d'avec toi. Élisée répondit : qu'il y ait sur moi, je te prie, une double portion de ton esprit ! Élie dit : TU DEMANDES UNE CHOSE DIFFICILE…
>
> **2 Rois 2 : 9-10**

Bien qu'en général on cite ce passage pour faire référence au fait de recevoir une double portion d'onction, je suis convaincu qu'il s'applique également au fait de recevoir une onction. **C'est une chose difficile, car très peu de personnes sont ointes.** Beaucoup de personnes essaient d'acquérir l'onction, mais peu y arrivent. Je comprends pourquoi c'est une chose difficile.

Pourquoi n'y a-t-il que peu de médecins (relativement peu) dans le monde ? La réponse est simple : devenir médecin est une chose difficile. Beaucoup aimeraient le devenir, mais peu réussissent. Au Ghana comme dans les autres pays du monde, seuls quelques étudiants, les meilleurs, sont admis dans les écoles de médecine.

Quand je regarde autour de moi, je me rends compte qu'il n'y a pas tant de ministres « réellement » oints que ça. Beaucoup se font appeler pasteur, mais peu sont réellement oints pour cette fonction. S'ils l'étaient, nous le saurions et le verrions. Bien que beaucoup soient munis de certificats et diplômes d'écoles bibliques, peu sont vraiment oints. D'où la question : « Pourquoi est-ce si difficile d'être oint ? »

2. Il faut le désirer fortement

J'aimerais vous montrer pourquoi il vous est si difficile d'être oint. **Une des raisons pour lesquelles Dieu ne donne pas son onction à n'importe qui est qu'il s'agit du Saint-Esprit (Dieu lui-même).** Le Saint-Esprit est un don précieux de Dieu à l'église. Mais Dieu n'accorde pas cette haute onction dont a besoin le ministère au hasard. Dieu ne jette pas ses perles aux cochons. Vous ne le feriez pas non plus ! Si vous n'accordez pas de valeur à l'onction, Dieu ne vous la donnera pas !

J'avais une vieille voiture que j'avais utilisée pendant un certain nombre d'années. J'eus envie de la donner à quelqu'un. Je m'appliquai à trouver quelqu'un à qui la donner. Je savais que cette voiture avait une très grande valeur et aurait été vendue à des millions de Cédis ghanéens (des milliers de dollars) sur le marché. Mais parce qu'elle était un peu usagée, je savais que si je la donnais à la mauvaise personne, celle-ci penserait à tort que je cherchais à me débarrasser d'une inutile épave. Elle ne saurait absolument pas en apprécier la valeur. À cause de cela, je mis du temps à décider à qui j'allais la donner.

J'étais entouré de beaucoup de personnes qui avaient désespérément besoin d'une voiture. Mais parce que je n'étais pas sûr qu'elles sauraient en apprécier la valeur, je décidai de la donner à quelqu'un de particulier. Une fois donnée la voiture, je fus satisfait de la réaction du bénéficiaire. J'avais le sentiment qu'il appréciait sincèrement ce cadeau. Je suis sûr que beaucoup se sont demandés pourquoi je ne la leur avais pas donnée.

Dieu possède un bien précieux ! Il cherche quelqu'un qui le désire vraiment et saura l'apprécier. Souvent, ceux qui doivent normalement recevoir passent à côté de la bénédiction. L'onction revient alors à quelqu'un d'autre, à la surprise de tous. Beaucoup se demandent pourquoi Dieu a oint quelqu'un comme moi. Un jour, un pasteur en visite se tint à mon pupitre et fut dépassé par l'immensité de la foule. Il dit : « La chance a tourné. Beaucoup de personnes se demandent : ‹ Pourquoi Dag ? Pourquoi Dieu utilise-t-il Dag ? › » Il était surpris que Dieu m'ait accordé une onction. Peut-être que selon lui, je n'aurais pas dû la recevoir.

Vous êtes-vous jamais demandé pourquoi Dieu aimait Jacob et haïssait Ésaü ?

3. Jacob désirait l'onction

J'ai aimé Jacob et j'ai haï Ésaü.

Romains 9 : 13

Jacob n'était-il pas un voleur à l'arrachée et un menteur ? Si, mais il désirait l'onction. Parfois, d'autres désirs terrestres étouffent le désir d'onction. *Cela vous surprend peut-être que ne pas remplir ce critère (désirer l'onction) disqualifie beaucoup de personnes, comme pour la voiture que j'ai donnée.*

Jacob désirait fortement le droit d'aînesse (l'onction) mais Ésaü s'en souciait peu. Que Dieu détestât Ésaü devrait nous inquiéter. Si Dieu détestait Ésaü, c'est qu'Il peut nous détester aussi ! **Si Dieu détestait Ésaü parce qu'il ne se souciait pas de son don, c'est qu'Il peut vous détester parce que vous n'accordez pas de valeur à l'onction.** Les gens se sont toujours demandé pourquoi Dieu utilisait Kathryn Kuhlman, une évangéliste qui avait le don de la guérison. Elle épousa le mari de quelqu'un d'autre et divorça de lui plus tard. Je suis persuadé qu'elle désirait fortement l'onction.

4. Dieu oint ceux qui le désirent

Dieu passera au-dessus de milliers de personnes qui accordent peu d'importance à l'onction et la donnera à quelqu'un qui la désire fortement. Je vois Dieu passer au-dessus de beaucoup de personnes et vous accorder l'onction maintenant !

Saviez-vous qu'Élisée n'était pas le premier serviteur d'Élie ? Saviez-vous que Dieu passa au-dessus du premier serviteur d'Élie le moment de l'onction venu ? Ce serviteur était actif dans le ministère, mais ne fut pas choisi pour être oint par Dieu. C'est ce serviteur qu'Élie envoya sept fois voir si les nuages étaient apparus.

> **… Mais Élie monta au sommet du Carmel ; et, se penchant contre terre, il mit son visage entre ses genoux, et dit à son serviteur : Monte, regarde du côté de la mer. Le serviteur monta, il regarda, et dit : Il n'y a rien. Élie dit sept fois : Retourne.**
>
> **1 Rois 18 : 42-43**

Pourquoi ce serviteur ne reçut-il pas l'onction ? Pourquoi Élisée, qui n'était même pas dans le ministère, reçut-il l'onction ? Élisée faisait des affaires. Il était en train de labourer un champ avec ses autres partenaires d'affaires.

> **Élie partit de là, et il trouva Élisée, fils de Schaphath, qui labourait. Il y avait devant lui douze paires de bœufs, et il était avec la douzième.**
>
> **1 Rois 19 : 19**

Qu'arriva-t-il au serviteur ? Pourquoi ne fut-il pas oint ? Pourquoi ne devint-il pas le grand prophète suivant ? S'il vous plaît, retenez ce grand principe une fois pour toutes ! Dieu passera au-dessus de milliers de personnes qui se soucient peu de l'onction et la donnera à quelqu'un qui la désire fortement.

Désirez l'onction plus que quoi que ce soit dans ce monde. C'est la première étape à franchir pour devenir quoi que ce soit dans le Royaume de Dieu. Dieu demanda à pasteur Timothée de chercher des personnes *désirant* devenir évêques. **Ce sont ceux qui sont habités par un désir fort qui reçoivent les dons spirituels.** Paul a dit :

> **Recherchez la charité. ASPIREZ AUSSI AUX DONS SPIRITUELS [l'onction] ...**
>
> **1 Corinthiens 14 : 1**

Une paraphrase de ce verset serait : « Désirez l'onction. »

> **ASPIREZ aux [convoitez les] dons les meilleurs...**
>
> **1 Corinthiens 12 : 31**

5. Vous pouvez désirer l'onction d'un autre ministre

J'ai appris qu'il est possible de désirer l'onction d'un homme de Dieu en particulier. Vous pouvez convoiter le don que Dieu lui a fait. Cela est possible parce qu'Élisée a spécifiquement demandé l'onction qu'il avait vu reposer sur Elie. Regardez autour de vous et voyez quel est l'homme de Dieu dont vous aimeriez avoir le don ou le ministère. Je vois cette onction vous revenir maintenant !

Pourquoi Dieu vous demanderait-il de désirer quelque chose qu'il vous est impossible d'obtenir ? **L'onction est l'outil principal du ministère. Sans elle, toutes vos connaissances acquises à l'école biblique et vos certificats ne servent à rien.** Vous avez besoin d'une onction. L'onction ne s'acquiert pas dans une école. *Elle ne s'enseigne pas, elle s'acquiert !*

À mes débuts dans le ministère, je ne savais pas ce que je suis en train de vous enseigner maintenant. Dieu m'a personnellement fait cette révélation. J'aimais les ministères de certains hommes et je les suivais de près. L'onction que je convoitais sans le savoir commença à opérer dans ma vie. Je vous en dirai quelques mots plus tard. Dieu utilise souvent un ou plusieurs hommes pour déposer son onction dans votre vie.

Une fois que vous aurez décidé quel don ou quelle onction vous convoitez, il vous faudra passer par plusieurs étapes ou filtres. J'appelle cela des filtres parce que beaucoup de personnes sont « éliminées » au moment d'y passer. Il y a des personnes qui désirent l'onction, mais ne l'obtiennent jamais parce qu'elles ne réussissent pas ces tests. Ces étapes sont des filtres qui font la différence entre ceux qui reçoivent l'onction et les autres.

Chapitre 5

Étapes menant à l'onction

Sept (7) étapes menant à l'onction

1. Principe du modelage du récipient

L'onction est semblable à un liquide que l'on verse dans une bouteille ou un récipient. Chaque liquide a une bouteille ou un récipient qui lui correspond. Par exemple, on ne trouve du *Coca-cola* que dans des bouteilles de *Coca-cola*. Le *Sprite* a une bouteille qui lui est propre. Pour être rempli de *Sprite*, il faut être une bouteille de *Sprite*. Cela s'explique par le fait que chaque bouteille est associée à une bouteille spécifique. Il en est de même pour l'onction.

Certains types d'onction sont associés à certains types de personnes. L'onction évangélique correspond à un certain type de personnalité ou de caractère. L'onction pastorale n'ira qu'à un certain type de récipient. La Bible dit que dans une grande maison, on trouve toutes sortes de récipients. C'est de vous et moi qu'il s'agit.

> **Dans une grande maison, il n'y a pas seulement des vases d'or et d'argent, mais il y en a aussi de bois et de terre ; les uns sont des vases d'honneur, et les autres sont d'un usage vil.**
>
> **2 Timothée 2 : 20**

Si vous voulez être rempli d'une onction *Coca-Cola*, il faut être une bouteille de *Coca-Cola* pour que l'onction vous aille. En étudiant l'œuvre du prophète Élie, on s'aperçoit qu'une onction particulière reposait sur sa vie. L'onction prophétique (1 Rois 18 : 36) qui reposait sur la vie d'Élie l'amena à faire certaines choses. **L'onction permet de réaliser certaines choses.** Élie reprit les rois de son époque (1 Rois 21 : 17-20), combattit les chefs religieux (1 Rois 18 : 20-24), défia le péché et le mal, fit des choses spectaculaires (1 Rois 18 : 30-39) et vit une femme, Jézabel, mettre fin à son ministère (1 Rois 19 : 3,14,16).

La Bible dit que Jean-Baptiste agissait sous l'effet de la même onction prophétique qu'Élie (Luc 1 : 76). On le voit mettre en garde les rois de son époque (Marc 6 : 17-20), affronter les chefs religieux (Matthieu 3 : 7-10), combattre le péché et le mal et avoir un ministère très spectaculaire (Luc 3 : 7-14). On voit également que son ministère prend fin à cause d'une femme, celle d'Hérode (Matthieu 14 : 6-10). C'est cela l'onction d'Élie en action.

L'onction d'Élie opérait dans la vie de Jean-Baptiste parce qu'il s'était transformé en un récipient capable de la contenir. Notez que Jean-Baptiste (Marc 1 : 4) et Élie (1 Rois 19 : 4) vécurent tous deux dans le désert et mangèrent des choses étranges : des sauterelles (Matthieu 3 : 4) et des vers (1 Rois 17 : 6). Jean-Baptiste (Matthieu 3 : 4) et Élie (2 Rois 1 : 8) portèrent des vêtements en poils de chameau.

Une personne qui a des problèmes tels que le mensonge, le vol, la cupidité, ne peut pas recevoir une onction de guérison prophétique aussi lourde que celle d'Élie. Cette onction ne sied ni aux menteurs, ni aux cupides.

Malheureusement, Guéhazi ne réussit pas l'épreuve du mensonge et du vol. Il mentit et donna une fausse image d'Elisée. Si un prophète ment, comment saurez-vous s'il prêche la Parole de Dieu ? Comment saurez-vous s'il dit ce qu'il pense ? Bien que Guéhazi fût proche de l'onction, il ne la reçut pas ! Elisée finit par maudire Guéhazi à cause de son comportement d'apprenti prophète, contraire à l'éthique.

La lèpre de Naaman s'attachera à toi et à ta postérité pour toujours. Et Guéhazi sortit de la présence d'Élisée avec une lèpre comme la neige.

2 Rois 5 : 27

Si vous désirez recevoir une onction particulière, Dieu vous façonnera de sorte que vous deveniez un récipient capable de la contenir. Si Dieu veut que vous deveniez un grand pasteur, il interviendra peut-être dans vos études. Il interviendra peut-être au niveau de votre connaissance de l'administration et du droit. Pour recevoir cette onction, il faudra que vous le laissiez agir en vous ! Certaines personnes ne sont pas instruites et ne s'instruisent pas par la lecture. Mais elles veulent recevoir l'onction qui permet de diriger un grand nombre de personnes. Ne savez-vous pas que diriger un grand nombre de personnes signifie avoir dans votre congrégation des personnes ayant fait de hautes études ? Quel genre de rapports aurez-vous avec elles ?

Dieu peut travailler votre langage. Il peut essayer de corriger vos manières et votre conduite en général ! Il peut vous envoyer dans une école biblique pour y être formé. Il peut vous envoyer étudier dans une université séculière pour y être façonné. J'ai été formé pendant 7 ans à l'université. Ces années d'études ont fait de moi un récipient adéquat. Dieu peut vous faire vivre des expériences humiliantes. Il cherche seulement à préparer un récipient capable de gérer l'onction. C'est le principe du modelage du récipient.

Si vous voulez recevoir une solide onction prophétique, Dieu exigera peut-être de vous une vie de solitude. Vous ne pouvez recevoir une telle onction que si vous accordez du temps au Seigneur. Vous savez, pour que Dieu vous permette d'accomplir de grandes œuvres, il vous demandera peut-être de modifier votre caractère et votre moralité. **Quiconque refuse de changer ou de se modifier refuse de recevoir l'onction.**

La première étape explique à elle seule pourquoi beaucoup de personnes désirent recevoir l'onction, mais ne la reçoivent jamais. Personne ne mettra du *Coca-Cola* dans un bidon d'essence. Seule de l'essence peut être versée dans un bidon d'essence. **Si vous êtes un bidon d'essence, vous ne contiendrez jamais du Coca-Cola : Vous ne pourrez contenir que de l'essence** ! Il existe différents types de conteneurs pour différents types d'onction. Acceptez cette réalité toute simple.

2. Être un serviteur

Tout au long de la Bible, on voit que ceux qui reçurent une onction étaient des serviteurs. Josué était le serviteur de Moïse :

> **Après la mort de Moïse, serviteur de l'Éternel, l'Éternel dit à Josué, fils de Nun, SERVITEUR de Moïse :**
>
> **Josué 1 : 1**

Élisée était le serviteur d'Élie :

> **… Il y a ici Élisée, fils de Schaphath, qui VERSAIT L'EAU [servait] sur les mains d'Élie.**
>
> **2 Rois 3 : 11**

Pierre, Jacques et Jean étaient les serviteurs du Christ.

> **JE NE VOUS APPELLE PLUS SERVITEURS (les disciples étaient placeurs, gardes du corps et coursiers), parce que le serviteur ne sait pas ce que fait son maître ; mais je vous ai appelés amis…**
>
> **Jean 15 : 15**

Le statut de serviteur est humiliant. Vous ne pouvez pas faire ce que vous voulez ! Vous devez travailler pour votre maître et croire qu'il a toujours raison ! Quand vous devenez serviteur, vous êtes comme un enfant adulte, prêt à obéir à toutes les instructions.

Personne n'est au-dessus de la Parole de Dieu. **Si pour devenir un général oint Josué a dû être serviteur, il en sera de même pour vous !** C'est là une autre raison pour laquelle certaines personnes ne reçoivent jamais l'onction. Elles sont tout simplement trop fières pour servir quiconque. Elles sont trop soucieuses de leur âge et de leur statut dans la société. Elles ont le sentiment que leur statut doit toujours être reconnu. Il n'est pas étonnant que Dieu ait élevé et oint beaucoup de jeunes gens. Il était impossible d'apprendre à faire la grimace à beaucoup de vieux singes.

Bien que le Seigneur m'ait permis d'avoir plusieurs milliers de personnes dans mon ministère, j'ai été serviteur pendant plusieurs années. **J'ai servi en tant que placeur, batteur, arrangeur, technicien du son et organiste. Il y a très peu de départements de l'église où je n'ai pas servi.**

Je suis toujours étonné de voir que beaucoup de personnes souhaitent devenir pasteur simplement parce qu'elles sont diplômées d'une école biblique. Elles ne sont pas plus prêtes à le devenir que moi à vivre sur la planète Mars. Certaines personnes se contentent de venir au culte et souhaitent pour autant êtres nommées anciens d'église, sans s'être frayé un chemin vers le sommet en étant des serviteurs.

Treize (13) signes distinctifs d'un serviteur

§ Un serviteur a un maître

Un fils honore son père, et un serviteur son maître.

Malachie 1 : 6

§ Un serviteur est à l'entière disposition de son maître

Car, moi qui suis soumis à des supérieurs, j'ai des soldats sous mes ordres ; et je dis à l'un : Va ! et il va ; à l'autre : Viens ! et il vient ; et à mon serviteur : Fais cela ! et il le fait.

Matthieu 8 : 9

§ Un serviteur, c'est quelqu'un qui exécute les ordres d'un autre

§ Un serviteur n'est gêné par aucun travail, ni aucune tâche

§ Un serviteur ne se considère pas comme l'égal de son maître

Il ne dit pas des choses du genre : « On a été à l'école ensemble. On est tous des ingénieurs. On a tous des enfants. »

… lequel, existant en forme de Dieu, n'a point regardé comme une proie à arracher d'être égal avec Dieu…

Philippiens 2 : 6

§ Un serviteur exécute les vœux de son maître

Exhorte les serviteurs à être soumis à leurs maîtres, à leur plaire en toutes choses, à n'être point contredisants,...

Tite 2 : 9

- § Un serviteur n'est pas embarrassé par son travail

... et ayant paru comme un simple homme, il s'est humilié lui-même, se rendant obéissant jusqu'à la mort, même jusqu'à la mort de la croix.

Philippiens 2 : 7-8

- § Un serviteur fait les petites besognes : ramasser les miettes, servir à manger

Lorsqu'ils furent rassasiés, il dit à ses disciples : ramassez les morceaux qui restent, afin que rien ne se perde.

Jean 6 : 12

... Élisée, fils de Schaphath, qui versait l'eau sur les mains d'Élie.

2 Rois 3 : 11

- § Un serviteur élève son maître et s'abaisse

Il faut qu'il croisse, et que je diminue.

Jean 3 : 30

- § Un serviteur n'attend ni remerciements, ni reconnaissance

Vous de même, quand vous avez fait tout ce qui vous a été ordonné, dites : nous sommes des serviteurs inutiles, nous avons fait ce que nous devions faire.

Luc 17 : 10

- § Un serviteur fait ce que veut son maître, comme le veut son maître

Voici, l'obéissance vaut mieux que les sacrifices, et l'observation de sa parole vaut mieux que la graisse des béliers.

1 Samuel 15 : 22

§   Un serviteur assiste son maître de ses biens.

Les douze étaient avec de lui et quelques femmes qui avaient été guéries d'esprits malins et de maladies : Marie, dite de Magdala, de laquelle étaient sortis sept démons, Jeanne, femme de Chuza, intendant d'Hérode, Susanne, et plusieurs autres, qui L'ASSISTAIENT DE LEURS BIENS.

Luc 8 : 2-3

§   Un serviteur reçoit une récompense

C'est pourquoi aussi Dieu l'a souverainement élevé, et lui a donné le nom qui est au-dessus de tout nom,

Philippiens 2 : 9

… ayant les regards sur Jésus, le chef et le consommateur de la foi, qui, en vue de la joie qui lui était réservée, a souffert la croix, méprisé l'ignominie, et s'est assis à la droite du trône de Dieu.

Hébreux 12 : 2

3.   Recevoir un père

Quand Dieu vous amène à suivre un homme de Dieu (Comme Élisée a suivi Élie), il est important que vous voyiez en lui un père. L'histoire d'Élisée nous apprend qu'il avait un père nommé Schaphath.

Il y a ici Élisée, fils de Schaphath…

2 Rois 3 : 11

Mais lorsqu' Élie fut enlevé au ciel, Élisée l'appela père. Il n'eût pas à se forcer pour cela, il le fit de façon naturelle.

Élisée regardait et criait : MON PÈRE ! MON PÈRE !

2 Rois 2 : 12

Pourquoi est-il important de voir en votre homme de Dieu un père ? Que signifie cela ? J'aimerais attirer votre attention sur deux raisons très importantes pour lesquelles vous devez voir en lui un père.

Deux raisons de recevoir l'homme de Dieu comme un père

1. Tout d'abord, une personne qui n'a pas de père est très différente d'une personne qui a des parents

Celui qui a un père reçoit des orientations et des repères pour sa vie. Celui qui n'en a pas rencontre beaucoup de difficultés.

Je n'ai jamais travaillé lorsque j'allais à l'université. Mon père s'est entièrement occupé de moi jusqu'à ce que je devienne médecin. L'argent qu'il me donnait chaque mois en tant qu'étudiant dépassait même mon salaire de médecin. Quand je suis entré en cinquième année de médecine, mon père m'a offert une voiture neuve. C'était pour moi une réelle bénédiction d'avoir un bon père qui s'occupait de moi. **Je n'ai jamais eu à lutter lorsque j'étais étudiant parce que j'avais un père !** On ne peut pas en dire autant de beaucoup de personnes.

J'ai rencontré un nombre infini de personnes qui n'ont reçu aucun repère dans la vie. Elles ont dilapidé leur talent et n'ont rien fait de leur vie parce qu'elles n'avaient aucun repère. Je connais beaucoup de personnes qui ne connaissent même pas leur père.

La situation est encore pire pour un orphelin ! Les difficultés abondent pour les orphelins. L'avenir d'un orphelin est très incertain. Il en est de même dans le ministère. Si vous n'avez personne pour vous guider vers le droit chemin, votre ministère rencontrera de nombreuses difficultés. Bien que j'aie plusieurs pères dans le ministère, il y a eu des moments où j'ai été sans père lorsqu'il a fallu que je devienne pasteur.

J'ai eu des pères lointains dans le ministère. J'ai traversé des moments difficiles pour n'avoir pas reçu de soutien de mes pères potentiels proches. La plupart des difficultés et des frustrations que j'ai connues dans le ministère étaient dues au fait que je n'avais personne pour m'aider à créer une église.

En fait, ceux qui auraient dû me servir de pères lorsque j'ai démarré mon église étaient surtout des ennemis jurés. Ils me combattaient, moi et ma cause. Aujourd'hui, certains d'entre eux s'empressent de revendiquer une paternité me concernant parce que je réussis dans le ministère.

2. La deuxième raison pour laquelle il est important d'avoir un père est que l'héritage d'un père se transmet naturellement à ses enfants.

Dans le ministère, l'héritage spirituel se transmet naturellement de père à fils. À la mort de mon père, son testament a été lu au tribunal. Il a légué ses biens à ses enfants. Bien qu'il eût de nombreux employés et amis, il ne leur a rien laissé. Tout est allé à ses enfants. Cher ami, ainsi va la vie. Ce sont souvent les enfants qui héritent.

Il existe ce qu'on appelle un héritage spirituel (Éphésiens 1 : 18). **Cet héritage spirituel d'onction et de dons se transmet naturellement de père à fils.** Il ne se transmet pas de père à pair, collègue ou ami. Il ne se transmet même pas de père à serviteur. Il se transmet de père à fils.

Salut « patron » !

J'avais un jeune pasteur qui préférait m'appeler « patron ». Cela m'avait toujours mis mal à l'aise, sans que je ne sache pourquoi. Vous savez, lorsque quelqu'un vous appelle « patron », cela signifie qu'ils se considère comme un employé. Quelques années plus tard, ce pasteur nous quitta dans des circonstances déplaisantes. Je compris alors d'où venait mon malaise.

Un serviteur ou un employé ne reste pas avec vous pour toujours. Il n'est là que pour un certain temps et s'en ira lorsque cela l'arrangera.

Or, l'esclave ne demeure pas toujours dans la maison ; le fils y demeure toujours.
Jean 8 : 35

Par conséquent, si vous entretenez avec un homme de Dieu une relation père-fils, vous n'aurez à fournir aucun effort pour hériter de son onction.

Comment recevoir un père

Comment recevoir quelqu'un comme un père ?

1. Quand quelqu'un est votre père, il peut vous parler librement concernant votre vie et vous faites confiance à ce qu'il dit.

Un enfant croit souvent que son père l'aime vraiment, quelle que soit la discipline que ce dernier lui impose. Si vous avez des doutes au sujet de quelqu'un, si vous vous méfiez de lui, il ne sera jamais votre père.

Un pasteur peut être un homme de Dieu respectable pour certains et un père pour d'autres. Quand une personne devient un père pour vous, cela se traduit principalement par la confiance totale que vous lui faites. Vous l'admirez et vous vous ouvrez à elle. Vous ne pouvez jamais vraiment ouvrir votre esprit à quelqu'un si vous ne lui faites pas confiance.

2. Ayez beaucoup de respect et d'admiration pour toutes les personnes que vous voulez avoir comme père.

Notre Père qui es aux cieux ! Que ton nom soit sanctifié (Matthieu 6 : 9). Que la volonté de votre père dans le ministère soit faite. S'il vous demande de prier et jeûner parce qu'il pense que cela vous fera du bien, permettez que cela se fasse.

3. Acceptez la position et l'autorité de votre père.

Chaque fois que nous disons le Notre Père, nous terminons en disant : « Car c'est à Toi qu'appartiennent le règne, la puissance et la gloire. » Nous affirmons constamment la position de notre père céleste. De la même manière, chaque fils doit résister à la tentation de combattre l'autorité et le règne de son père. Ne luttez jamais contre un père, c'est une grave violation. Au contraire, honorez vos pères.

L'oeil qui se moque d'un père et qui dédaigne l'obéissance envers une mère, les corbeaux du torrent le perceront, et les petits de l'aigle le mangeront.

Proverbes 30 : 17

4. Suivez de près l'homme de Dieu

Une autre étape consiste à suivre de près l'homme de Dieu. Toutes les personnes qui ont reçu une onction sont restées très proches de leurs mentors. Élisée resta aux côtés d'Élie jusqu'au bout. Élie essaya à plusieurs occasions de faire rester Élisée en arrière, mais ce dernier le suivit jusqu'à la fin. C'est à la fin qu'il reçut l'onction. Il y a deux façons de suivre de près un homme de Dieu.

Trois (3) manières de suivre l'homme de Dieu

1. Proximité physique, liens étroits

La première consiste à être proche, avoir des liens étroits et connaître personnellement le serviteur oint de Dieu. Josué était proche de Moïse en tant que son serviteur.

… Josué, fils de Nun, SERVITEUR DE MOÏSE…

Josué 1 : 1

Élisée désirait une double portion de l'onction qui reposait sur la vie d'Élie. Il savait qu'en servant cet homme de Dieu, il pourrait obtenir l'onction qu'il désirait.

Élisée était connu comme la personne qui lava physiquement les mains d'Élie. Une telle proximité peut entraîner un transfert d'onction.

Il y a ici Élisée, fils de Schaphath, QUI VERSAIT L'EAU SUR LES MAINS (lavait et servait) d'Élie.

2 Rois 3 : 11

2. Écoutez attentivement ses paroles

La seconde manière de suivre de près un homme de Dieu consiste à être attentif à ses paroles. Très peu de personnes ont le privilège de connaître personnellement leur mentor. Comment faire alors pour acquérir l'onction qui repose sur un grand homme de Dieu ? La réponse est simple. Est-ce le fait de servir à boire ou d'accomplir les petites besognes qui permet un transfert d'onction ? La réponse est non ! C'est la proximité physique qui vous expose à ses paroles.

Jésus a dit à ses disciples : les paroles que je vous adresse sont Esprit (onction) et vie. L'onction est contenue dans les paroles. Les disciples de Jésus ont absorbé les paroles de leur maître jusqu'à ce qu'il les quitte. Ils ont pris ses paroles au sérieux parce qu'il leur avait dit que l'onction était dans ses paroles.

Je remercie Dieu parce qu'aujourd'hui, les paroles de ministres oints de Dieu sont disponibles sous forme de livres et de cassettes audio et vidéo.

… Les PAROLES que je vous ai dites SONT ESPRIT (onction) et VIE.

Jean 6 : 63

L'onction vous pénètre quand vous écoutez la Parole. La Parole n'est pas un quelconque discours philosophique. Elle diffère d'un cours d'université. La Parole a le pouvoir de vous transmettre l'onction. Lisez cet étonnant verset d'Ézéchiel ! Le prophète dit qu'il pouvait sentir l'onction entrer en lui pendant que le Seigneur lui parlait.

DÈS QU'IL M'EUT ADRESSÉ CES MOTS, L'ESPRIT ENTRA en moi…

Ézéchiel 2 : 2

J'ai toujours voulu avoir l'occasion de vivre avec certains hommes de Dieu et les servir. Mais cela n'a jamais été possible dans la pratique. Néanmoins, le fait d'avoir suivi certains de ces hommes au moyen de cassettes vidéo et audio et de livres a été une grande bénédiction pour ma vie et mon ministère. Le fait que vous soyez en train de lire ce livre est une preuve que l'onction que j'ai reçue il y a quelques années est réelle.

La Bible raconte qu'Élisée s'imprégnait des paroles de son père spirituel. Élisée n'a pas fait que laver les mains d'Élie. Il ne s'est pas contenté de laver et nettoyer sa maison. Comme ce fut le cas pour Jésus et ses disciples, Élisée et Élie eurent beaucoup de conversations sérieuses.

Comme ils continuaient à marcher EN PARLANT…

2 Rois 2 : 11

3. Décidez de rester proche jusqu'au bout, jusqu'à ce que l'onction que vous désirez coule dans votre ministère.

Élisée marchait si près d'Élie que Dieu lui-même dût les séparer. Ne permettez à personne de vous séparer de votre père spirituel. Ne laissez pas les circonstances vous tenir éloigné de votre homme de Dieu.

... voici, un char de feu et des chevaux de feu LES SÉPARÈRENT L'UN DE L'AUTRE...

2 Rois 2 : 11

5. Transmissions spirituelles

Faisons attention à ne pas commettre d'erreur. Dieu est celui qui vous oindra. Aucun homme ne peut vous oindre. Cela dit, Dieu le fera à travers des hommes. Il est important de prier et demander l'onction.

Si donc, méchants comme vous l'êtes, vous savez donner de bonnes choses à vos enfants, à combien plus forte raison le Père céleste donnera-t-il le Saint-Esprit à ceux qui le lui demandent.

Luc 11 : 13

L'imposition des mains constitue un autre moyen de recevoir l'onction. C'est une doctrine fondamentale de l'église. C'est la principale manière dont se fait une transmission ou un don. Elle a une telle importance que Dieu dit ne pas nous empresser de transmettre des dons par l'imposition des mains.

N'IMPOSE LES MAINS À PERSONNE AVEC PRÉCIPITATION, et ne participe pas aux péchés d'autrui ; toi-même, conserve-toi pur.

1 Timothée 5 : 22

Timothée, le pasteur, se fit imposer les mains et reçut des dons spirituels. La Bible dit clairement qu'il reçut le don de Dieu au moyen de l'imposition des mains.

C'est pourquoi je t'exhorte à ranimer le don de Dieu que tu as reçu par L'IMPOSITION DE MES MAINS.

2 Timothée 1 : 6

Cela signifie que le don et l'onction ont dû commencer à se manifester dans la vie de Timothée après qu'on lui eût imposé les mains. Je remercie Dieu pour la prédication et Sa Parole. L'imposition des mains y a également sa place. Les disciples reçurent l'onction lorsque Jésus souffla sur eux et leur dit :

… **Recevez le Saint-Esprit.**

Jean 20 : 22

Ces différentes transmissions spirituelles constituent les moyens par lesquels Dieu peut vous transmettre Son don.

6. L'épreuve du temps

Le temps est un facteur très important dans le développement de tout ministère. La Parole de Dieu nous enseigne que Jésus augmente nos dons lorsqu'il voit que nous sommes fidèles à ce qu'Il nous a donné.

Celui qui est fidèle dans les moindres choses l'est aussi dans les grandes, et celui qui est injuste dans les moindres choses l'est aussi dans les grandes.

Luc 16 : 10

Votre fidélité sera mise à l'épreuve avec le temps. Votre fidélité poussera Dieu à vous accorder des dons supplémentaires et une onction plus grande. Vous découvrirez que certains royaumes ne vous seront accessibles qu'avec le temps. **Il n'y a malheureusement aucun moyen d'échapper à l'épreuve du temps.**

Il y a quelques années, j'essayais de ressusciter les morts, en vain. Je me demandais pourquoi Dieu ne m'honorait pas. S'il l'avait fait à ce moment-là, aujourd'hui je me serais probablement refroidi dans ma foi. Aujourd'hui, je vois arriver dans ma vie des choses qui n'y étaient pas auparavant. Si j'avais eu ce niveau d'onction il y a quelques années, cela aurait pu me détruire. Il est important de faire confiance à Dieu et de laisser le temps au temps, afin que lui-même vous élève au moment opportun.

7. Assistez l'homme de Dieu de vos biens

La dernière étape dont j'aimerais vous parler, qui n'est cependant pas des moindres, consiste à assister l'homme de Dieu de vos biens.

Les douze étaient avec lui et quelques femmes qui avaient été guéries d'esprits malins et de maladies : Marie, dite de Magdala, de laquelle étaient sortis sept démons, Jeanne, femme de Chuza, intendant d'Hérode, Susanne, et plusieurs autres, QUI L'ASSISTAIENT DE LEURS BIENS.

Luc 8 : 2-3

Vous devez pouvoir assister l'homme de Dieu de vos biens. Si l'argent est un problème pour vous, vous ne pourrez jamais le faire.

La Bible dit que ceux qui ont été enseignés doivent partager leurs biens avec ceux qui les ont enseignés.

Que celui à qui l'on enseigne la parole fasse part de tous ses biens à celui qui l'enseigne.

Galates 6 : 6

L'homme de Dieu vous apporte des choses spirituelles et en retour, vous lui offrez des choses matérielles. L'onction est activée lorsque vous assistez l'homme de Dieu. Chaque fois que j'ai eu l'occasion d'approcher ceux qui ont été pour moi une bénédiction, je les ai assistés de mes biens.

Lorsque la femme munie d'un flacon d'albâtre répandit le parfum sur les pieds de Jésus, il dit qu'on se souviendrait d'elle. Quand vous répandez un « flacon d'albâtre » sur un homme de Dieu, vous suscitez une bénédiction et on se rappellera de vous. **Votre ministère aura une plus longue durée de vie si vous décidez d'honorer ceux qui vous ont précédé. Beaucoup se souviendront de votre ministère.** Vous susciterez la faveur et l'onction de Dieu sur votre vie.

Notez ce que faisaient de grands hommes tels qu'Abraham lorsqu'ils rencontraient des hommes de Dieu plus grands qu'eux. Ils s'empressaient d'assister l'homme de Dieu de leurs biens.

Melchisédek, roi de Salem, fit apporter du pain et du vin : il était sacrificateur du Dieu Très Haut. Il bénit Abram, et dit : Béni soit Abram... Et Abram lui donna la dîme de tout.

Genèse 14 : 18-20

Chapitre 6

Que signifie acquérir l'esprit du ministère ?

Votre aspiration à la croissance de l'église vous amènera tout naturellement à travailler avec différents types de personnes. On peut alors comprendre que dans un plus grand ministère vous ayez besoin d'une plus grande « main d'œuvre ». Le fait de recruter de nouvelles personnes conduit souvent à la destruction du ministère. Faites attention à ne pas plutôt détruire ce que vous essayez de construire. Il est important de recruter des gens qui ont ce que j'appelle l'esprit du ministère.

> **Je descendrai, et là je te parlerai ; je prendrai DE L'ESPRIT QUI EST SUR TOI, et je le mettrai SUR EUX, afin qu'ils portent avec toi la charge du peuple, et que tu ne la portes pas à toi seul.**
>
> **Nombres 11 : 17**

Veuillez prêter attention à la révélation que fit Dieu à Moïse. Il dit : « Je prendrai de l'esprit ou de l'onction qui est sur toi et je mettrai cette même onction sur d'autres. » C'est seulement alors qu'ils pourront travailler avec toi. C'est seulement alors qu'ils pourront t'aider.

Dieu aurait pu simplement donner à ces soixante-dix personnes une onction de dirigeant, mais Il ne l'a pas fait. **Dieu ne leur a pas donné une onction générale de dirigeant ! Il ne leur a pas non plus donné une onction spéciale permettant de gérer et de juger avec sagesse ! Il leur a simplement donné l'onction de Moïse.** Quel est l'esprit qui reposait sur Moïse ? C'était le don spécial du ministère, pour lui permettre de diriger les gens. C'est cela que les soixante-dix pasteurs reçurent.

Il y a une onction sur chaque ministère. C'est pourquoi les gens peuvent débuter seuls dans un ministère et n'avoir que vingt membres après dix ans. Si ces personnes devaient exercer dans un autre ministère, elles n'auraient pas que vingt personnes au bout de dix ans. Elles en auraient peut-être mille. C'est parce que chaque ministère a une onction différente.

Je ne suis absolument pas en train de vous dissuader de créer quelque chose de nouveau ! Je suis en train de dire que Dieu accorde certains dons à certains hommes. Ceux qui sont établis sous la direction de ces hommes se voient acquérir le même esprit de ministère. Ils se retrouvent en train de faire de grandes choses et même des choses plus grandes que ces hommes.

Il y a une différence !

Acquérir l'esprit du ministère diffère un tout petit peu du fait d'acquérir l'onction. Quand vous devenez membre d'une nouvelle église, vous remarquez sa particularité. **Comprenez que chaque église est différente et a sa propre culture.** Chaque ministre a une onction particulière sur sa vie. Cela donne lieu à un ministère unique. Quand vous vous joignez à ce ministère unique, vous devez vous y adapter et faire avec. Comprenez que chaque église a sa particularité.

Quand vous devenez membre d'une église, vous devez vous acclimater et réapprendre certaines choses. Il est du devoir du pasteur principal d'empêcher quiconque ne s'est pas entièrement adapté à la culture de l'église de devenir ministre.

Il est du devoir de celui qui est en formation d'apprendre, de s'imprégner, d'observer et de s'adapter aux philosophies dites et non-dites de l'église. Étudiez la culture. Faites avec. Faites tout pour vous intégrer.

Une fois que vous vous serez intégré, cette onction particulière vous ira et pourra opérer à travers vous. Cela est possible et nécessaire si vous voulez porter du fruit dans le cadre de cette église en particulier.

Si vous ne vous adaptez pas, l'onction ne pourra pas vous aller parce qu'elle est destinée à un type de récipient particulier. Vous irez au-devant de problèmes si vous choisissez d'ignorer les normes établies et appliquées par la direction générale.

Lorsque les gens n'opèrent pas sous l'effet du même esprit (la même onction), cela crée des conflits. Les dirigeants sont désunis et chacun pense avoir raison. L'église commence à se désintégrer en coulisses et très vite, cela éclate au grand jour.

Comment acquérir l'onction du ministère ?

Pour acquérir l'esprit du ministère, vous devez cheminer avec l'église et ses dirigeants. Il n'y a simplement pas d'autre solution. Vous devez savoir ce qu'ils font et les regarder faire ! Vous devez accepter cela dans votre esprit et y croire dans votre cœur. Les normes et principes de l'église doivent devenir les vôtres et cesser d'être « leurs principes. »

Quand vous pensez comme les dirigeants, cela signifie que vous avez acquis l'esprit du ministère. L'onction vous fait penser d'une certaine manière. L'onction vous fait agir d'une certaine manière.

J'ai appris il y a longtemps que je ne devais pas accepter des gens qui ne s'intégraient pas comme des fils à mon ministère. Quelqu'un peut être très qualifié en tant que ministre et avoir beaucoup de réalisations à son actif. Néanmoins, s'il n'a pas l'esprit du ministère, il ne sert à rien de travailler avec lui.

Le peu de conflits que j'ai vécus au sein de la dénomination Lighthouse naissaient par le biais ou provenaient de personnes qui n'avaient pas totalement acquis l'esprit du ministère. Elles s'étaient intégrées en apparence, mais en réalité, elles ne faisaient pas partie de nous.

Après que Jésus fût monté au ciel, on chercha un remplaçant à Judas. On choisit quelqu'un qui avait l'esprit du ministère de Jésus, quelqu'un qui connaissait les disciples de Jésus de A à Z. On avait besoin de quelqu'un qui avait accepté les normes et philosophies de Christ. On ne voulait pas de quelqu'un qui allait créer la confusion dans les rangs.

Il faut donc que, parmi ceux qui nous ont ACCOMPAGNÉS TOUT LE TEMPS que le Seigneur Jésus a vécu avec nous, depuis le baptême de Jean

jusqu'au jour où il a été enlevé du milieu de nous, il y en ait un qui nous soit associé comme témoin de sa résurrection.

Actes 1 : 21-22

Dans le passage ci-dessus, on se rend compte que les disciples choisirent quelqu'un qui avait passé suffisamment de temps en leur compagnie pour pouvoir acquérir l'esprit du ministère. Il leur importait peu que la personne ait le don de prophétiser ou de diriger. Mieux vaut être trop prudent que pas assez ! Choisissez des gens que vous connaissez et évitez les éléments inconnus !

Il y a trois catégories de personnes que je n'ai pas l'habitude de considérer comme des employés potentiels. Ce ne sont pas de « mauvaises » personnes, mais de bonnes personnes qui ont besoin d'acquérir l'esprit du ministère !

Trois (3) groupes de personnes que je n'emploierais pas

a.   Un diplômé d'une école biblique à la recherche d'un emploi dans l'église

Pour moi, être diplômé d'une école biblique signifie très peu de choses. Cela signifie simplement que vous êtes en possession d'un bout de papier montrant que vous avez suivi certains cours. Ces cours peuvent être différents de ceux que j'enseigne dans mon église. Même si ce sont les mêmes, ils peuvent avoir une orientation totalement différente.

À ces personnes, je demande simplement de devenir membre de l'église et de la famille de l'église. Par la suite, elles doivent rentrer dans les rangs comme n'importe quel autre membre. *Si et seulement si elles sont capables d'acquérir l'esprit du ministère, elles pourront faire partie des dirigeants.*

b.   Un ministre expérimenté et chevronné

Il y a un adage qui dit : « On n'apprend pas à un vieux singe à faire la grimace. » Cet adage ne vient pas de la Bible, mais se trouve souvent être vrai. Quand un arbre est jeune, il peut plier. Mais quand un arbre est vieux, il faut le casser pour qu'il plie ! Très souvent, les personnes qui ont travaillé pendant des années dans le ministère ont le sentiment de tout savoir. Elles ont du mal à s'intégrer. Au bout d'un certain temps passé dans votre système, elles diront : « J'étais pasteur avant de me joindre à vous. » « Je suis devenu ministre par mes propres moyens avant de venir ici. » Elles diront également : « J'avais un ministère avant de venir ici et j'ai juste décidé de me placer sous votre ministère. » **Ce genre de personnes ne peuvent pas s'intégrer parce qu'elles ne sont pas prêtes à être formées ou reformées.**

J'ai appris à travers une expérience douloureuse à former mes propres filles et fils dans le ministère. Ils sont pour moi ce qu'étaient les disciples pour Jésus. Je peux leur faire confiance et leur confier mon ministère, quel que soit l'endroit du monde où je me trouve. Jésus a laissé son ministère à dix hommes qui en ont parfaitement pris soin. Quand vous avez des gens qui ont acquis l'esprit de la direction, vous pouvez leur confier des choses sans vous faire du souci. Ils ne se rebelleront pas.

c.   Un pasteur d'une petite église désireux de se joindre à un plus grand réseau

C'est encore plus dangereux ! Lorsque l'église commencera à croître sous une nouvelle appellation et onction, ce pasteur pensera à s'en séparer. Il dira : « J'avais une église et des membres avant de me joindre à vous. Je veux redonner à l'église son ancienne appellation. » Cela conduit souvent à de douloureuses ruptures et séparations. À ce stade, personne ne peut dire qui a réellement tort ou raison.

J'ai pour politique d'encourager de tels individus à continuer de façon indépendante dans le ministère.

S'ils insistent, ils n'ont pas d'autre solution que de fermer leur église et de se joindre à un plus grand réseau en tant que membre ordinaire. Avec le temps, ces personnes peuvent devenir ministre au sein du réseau et démarrer une nouvelle église. Mais pour cela, il faut beaucoup d'humilité.

Il est important pour les pasteurs principaux de savoir si les gens ont acquis l'esprit du ministère. Il est important pour les ministres à l'avenir prometteur de comprendre comment acquérir l'esprit du ministère.

Huit (8) choses que vous devez acquerir

Quelle que soit l'église à laquelle vous appartenez, vous devez vous efforcer d'acquérir la *vision, les principes, la philosophie, les normes, les doctrines, les procédures, l'onction* de l'église, ainsi que ce sur quoi l'accent est mis dans l'église. Pour illustrer mon propos, je vais prendre Lighthouse Chapel International pour exemple.

1. La vision de la maison

En règle générale, la vision de Lighthouse Chapel International est de gagner des âmes et d'implanter des églises. Beaucoup de pasteurs n'ont pas la vision de gagner des âmes. Chez nous, cette vision est très forte. Si votre orientation n'est pas la récolte des âmes, vous aurez du mal à vous y intégrer.

On encourage et on apprend à tout le monde à sauver les âmes perdues et à participer de façon pratique au ministère. Tout le monde participe, y compris ceux qui ont une activité professionnelle et les hommes d'affaires. **Nous croyons que chaque membre peut devenir ministre.** Cela peut paraître bizarre, mais telle est notre vision.

Certaines églises ont pour vision la prospérité. D'autres ont pour vision de dominer les forces des ténèbres. D'autres encore ont pour vision la délivrance. Quelle que soit l'église à laquelle vous décidez d'appartenir, vous devez apprendre à en acquérir la vision. Aucune vision n'est bonne ou mauvaise. Cette vision dépend de l'appel lancé par Dieu au fondateur. Laissez le Seigneur être juge.

2. Les principes de la maison

Les principes de LCI sont ceux de la Parole de Dieu. Un de nos principes consiste à tout faire reposer sur la solide fondation qu'est la Bible. Nous avons pour principe de rejeter les choses qui ne sont pas fermement basées sur la Parole de Dieu.

Nous avons des principes de loyauté. Ceux qui enfreignent ces principes ne peuvent pas s'intégrer dans notre ministère. Je suis loyal envers mes pasteurs et j'attends d'eux qu'ils soient loyaux envers moi. Nous croyons au fait de diriger avec des principes qui permettent à tout le monde de se hisser au plus haut niveau de la direction ministérielle.

3. La philosophie de la maison

Cela fait référence à la manière générale de penser. Dans notre église, nous croyons que les laïcs doivent participer à l'œuvre du ministère. Nous croyons que les personnes instruites peuvent également travailler dans le ministère.

Nous croyons que pour s'établir, l'église doit construire des bâtiments. Nous croyons que bâtir apporte stabilité et pérennité à l'église. Les projets de construction permettent aux membres de l'église de savoir que leur argent est « utilisé à bon escient. » Nous croyons également à la frugalité. Nous avons différentes manières d'économiser l'argent. Ironiquement, cela donne à penser que nous sommes riches.

Une autre philosophie importante de LCI est que nous sommes pro-mariage. Nous encourageons les gens à se marier et à le faire à un jeune âge. Nous avons le sentiment que la norme biblique veut que les jeunes se marient et restent purs, plutôt que de vivre dans le péché et l'hypocrisie.

Chaque dirigeant de notre système doit avoir ces idées *à l'esprit et les faire siennes.*

4. Les normes de la maison

Dans notre église, on attend des gens qu'ils soient fidèles à leur mariage et à leur partenaire. Nous attendons des ministres qu'ils mènent une vie honnête et aient une intégrité financière et morale. Nous ne transigeons pas avec ces valeurs ! Nous n'attendons pas des gens qu'ils soient parfaits, mais nous attendons d'eux qu'ils soient honnêtes.

S'écarter des normes d'une église entraînera une déviation progressive et totale de sa vision originelle. C'est parce qu'on s'est écarté des normes que pasteurs et même évêques homosexuels font maintenant partie de la vie de l'église. Certains prêtres célèbrent des mariages entre hommes. Ce faisant, ils prétendent que Dieu approuve l'homosexualité. Sodome et Gomorrhe font leur entrée dans l'église. Comment en est-on arrivé là ? On en est arrivé là parce qu'on a progressivement changé les normes de l'Église de Dieu.

5. Les doctrines de la maison

Chaque église a certaines croyances basées sur la Bible. Une doctrine est un mode d'enseignement. La loyauté est une de nos doctrines. Nous enseignons beaucoup ce sujet. *(Voir Loyauté et Déloyauté par l'évêque Dag Heward-Mills).*

Une autre doctrine de notre église est ce que nous appelons l'Anagkazo. Ce mot grec signifie quelque chose pour chacun de nos dirigeants. Il parle du fait de contraindre les âmes à venir à Christ. Vous ne pouvez pas être ministre dans notre église si vous ne comprenez pas et ne croyez pas en l'Anagkazo.

6. Les procédures de la maison

Chaque église a sa manière de faire les choses. Dans notre église, l'on devient pasteur en se hissant dans les rangs. Pour devenir pasteur laïc, il faut d'abord être berger. C'est comme cela que les choses fonctionnent chez nous. Nous avons très peu de ministres à plein temps.

Nous croyons qu'avant de devenir pasteur à plein temps, il faut avoir fait ses preuves en tant que pasteur laïc. Les choses se font peut-être différemment dans votre église, mais si vous voulez appartenir à un ministère particulier, vous devez accepter les procédures de la maison concernée.

Vous ne pouvez pas faire partie des dirigeants de l'église si vous ne payez pas la dîme ou ce que nous appelons le Meilleur des prémices. C'est ainsi que nous fonctionnons. Chaque église Lighthouse prélève deux offrandes par culte. Dans notre église, les futurs mariés doivent suivre des séances de conseil. Ce sont là quelques-unes des procédures que nous n'entendons pas modifier. Quiconque veut devenir dirigeant dans l'église doit accepter ces procédures et s'y conformer.

L'église a un système de petits groupes comprenant des cellules de partage, des ministères et des chapelles. Ce système fonctionne à travers le monde, quel que soit l'endroit où est implantée l'église Lighthouse. C'est ainsi que nous faisons les choses. C'est notre procédure. Bienvenue parmi nous.

7. Ce sur quoi l'accent est mis dans la maison

Chaque ministre met l'accent sur quelque chose en particulier. Nous, nous mettons l'accent sur la prédication et l'enseignement de la Parole de Dieu. Certains mettent l'accent sur la prospérité et la guérison. D'autres mettent l'accent sur l'onction. Nous, nous mettons l'accent sur la récolte des âmes et l'établissement de l'église. Pour votre information, nous croyons aux miracles et nous expérimentons de grands mouvements de l'Esprit, mais nous mettons l'accent sur la Parole. Si vous acceptez cela, vous pourrez être des nôtres.

8. L'onction de la maison

C'est l'onction dont nous avons parlé dans les précédents chapitres. En dehors des aspects naturels et physiques que sont les procédures et les valeurs, vous devez acquérir la composante spirituelle de la maison.

Rien ne vaut l'onction. Sans elle, vous ne pouvez rien faire dans le ministère. Une fois que vous avez goûté à l'onction et à la différence qu'elle fait dans votre ministère, vous n'avez plus envie de vous en passer. Si vous êtes dans une église particulière, l'onction principale que vous devez désirer est celle de votre leader. Cela, parce que vous êtes sous son ministère.

Chapitre 7

Comment démarrer une église

Beaucoup de personnes craignent de démarrer une église parce qu'elles ne savent pas par où commencer. L'art de créer une église, c'est l'art de témoigner, d'assurer le suivi et de réunir les brebis. Vous n'avez pas besoin de détruire l'église de quelqu'un d'autre pour démarrer la vôtre ! Comment le prendriez-vous si quelqu'un venait construire sa maison près de la vôtre et décidait de casser votre maison et d'en retirer certaines briques pour construire la sienne ? Ce serait de la folie !

Malheureusement, cela semble être le seul moyen qu'ont trouvé certains pour démarrer une église. À partir d'aujourd'hui, n'ayez plus peur de créer une église de manière honorable. Si Dieu vous a réellement parlé, vous réussirez !

Dix (10) étapes nécessaires à la création d'une église

1. **Calculez la dépense**

   Car, lequel de vous, s'il veut bâtir une tour, ne s'assied d'abord pour calculer la dépense...

   Luc 14 : 28

   Réfléchissez très bien à ce qu'implique le fait de démarrer une église. Ce ne sera pas facile ! Très peu de gens veulent s'identifier aux petites choses. J'ai appris il y a quelques années qu'il existait deux types de personnes dans ce monde.

   Il y a ceux qui mettent la barque en mer, et il y a ceux qui sautent dans la barque une fois qu'elle est bien stabilisée sur l'eau.

   Quand la barque est encore sur le sable, il est très difficile de la mettre à l'eau. Une fois qu'elle est sur l'eau, elle est plus sûre et beaucoup de personnes y montent. C'est pourquoi il est plus facile à une grande église de croître.

À mes débuts dans le ministère, j'étais méprisé et combattu ! Quand j'y repense, je suis étonné d'avoir survécu tout seul aux tempêtes des débuts de mon église. À certains moments, j'avais envie d'abandonner. J'avais l'impression que le monde entier était contre moi. On me donnait toutes sortes de sobriquets et on me ridiculisait.

Un jour, j'ai transporté une batterie de ma chambre au motel de l'École de médecine. Les gens ont dû me prendre pour un illuminé ! « Mais que pense donc faire celui-ci avec un petit nombre d'étudiants en médecine et d'élèves infirmières ? »

Je ne recevais aucune aide des grandes églises de l'époque. Certaines se moquaient de moi et d'autres s'opposaient à moi. Je n'avais ni l'aide, ni l'approbation d'aucun homme de Dieu.

2. Ne désésperez pas

Ne soyez pas financièrement désespéré au début de votre ministère. Faites attention à ne pas dépendre de l'église que vous êtes en train de créer pour votre survie financière. Ce serait une grande erreur ! Si vous le faites, vous serez un homme désespéré se raccrochant désespérément à un semblant d'espoir pour survivre.

Souvent, une petite église ne peut pas se permettre de payer le salaire du pasteur et encore moins de lui acheter une voiture. **Ce que je conseille à quiconque souhaite démarrer une église, c'est de trouver un emploi et de démarrer l'église en tant que laïc.** Quand les gens voient que vous ne prêchez pas pour des raisons financières, ils s'intéressent davantage à votre nouvelle église. Trop de pasteurs attendent désespérément que leur petit nombre de membres versent plus d'offrandes. Seize personnes ne peuvent pas s'occuper de vous. Vingt et une personnes ne peuvent pas vous entretenir et payer les fournitures scolaires de vos enfants. Ne soyez pas un pasteur désespéré ! Cherchez un emploi tout de suite ! Le moment venu, l'église aura plus que suffisamment d'argent pour s'occuper de ses pasteurs.

J'ai dû investir beaucoup de mon argent pour mettre l'église sur pied. Bien que je ne fûs pas ministre à plein temps, je n'ai perçu aucun salaire les cinq premières années de l'existence de l'église. Une autre raison pour laquelle vous ne devez pas percevoir de salaire dans les premiers stades de l'existence de votre église est que vous aurez besoin d'argent pour acheter le matériel et assurer d'autres dépenses, telles que le loyer. Si vous siphonnez l'essentiel de l'argent de l'église, elle ne se développera pas normalement.

3. Deux ou trois suffissent

De combien de personnes a-t-on besoin pour démarrer une église ? La réponse se trouve dans la Bible : deux ou trois !

Car là où deux ou trois sont assemblés en mon nom, je suis au milieu d'eux.

Matthieu 18 : 20

Certaines personnes m'ont critiqué parce qu'une de mes églises n'avait que deux ou trois membres. Eh bien, de telles critiques ne peuvent venir que d'un ignare. Je préfère entendre aboyer mes chiens le matin qu'écouter ces railleurs inexpérimentés !

Je ne démarre pas mes églises avec la moitié des membres de l'église d'une autre personne. Si j'ai un pasteur prêt à obéir à Dieu, tout ce dont j'ai besoin, c'est de l'envoyer et il commencera le travail. La Lighthouse Cathedral a démarré avec le petit nombre de cinq personnes.

Lorsque je suis allé à Zurich pour y créer une église, je ne connaissais qu'une seule personne. Aujourd'hui, cette église compte plusieurs centaines de membres. Un pasteur qui ne connaissait personne en Afrique du Sud mais souhaitait faire l'œuvre de Dieu a créé une de nos églises en Afrique du Sud. **Vous n'avez pas besoin de plus d'une personne pour créer une église.** J'ai des églises de trois membres seulement et je n'ai pas honte de le dire. N'essayez pas d'impressionner qui que ce soit, contentez-vous de faire l'œuvre de Dieu !

Parfois, les gens ont peur d'être les pionniers d'une église parce qu'ils ignorent comment accomplir les tâches chrétiennes de base. Qu'est-ce que j'entends par là ? Les tâches de base sont la prière, l'évangélisation et le suivi des convertis.

Si vous êtes vraiment appelé par Dieu, la seule personne dont vous avez besoin, c'est vous-même ! Toutes les églises qui ont démarré de cette façon ont grandi et sont devenues de grands arbres. La Bible dit que le Royaume de Dieu est semblable à un grain de sénevé.

> **... Le royaume des cieux est semblable à un grain de sénevé qu'un homme a pris et semé dans son champ. C'est la plus petite de toutes les semences ; mais, quand il a poussé, il est plus grand que les légumes et devient un arbre, de sorte que les oiseaux du ciel viennent habiter dans ses branches.**
>
> **Matthieu 13 : 31-32**

Que signifie cela ? Alors qu'une association d'anciens élèves ou un club de fitness peut démarrer avec un certain nombre de personnes, les débuts d'une église sont semblables à d'insignifiantes graines. Elles peuvent pousser et pousseront. Beaucoup de mes pasteurs sont surpris de voir grandir leur église. Ils n'arrivent pas à croire que l'église fonctionnera. Les débuts ont l'air si misérables, mais tel est le Royaume de Dieu.

La méga-église n'avait qu'un membre !

Un jour, un de mes pasteurs se rendit à l'église, et seulement une personne se présenta. Il me raconta qu'il était très découragé et déprimé. Il conduisit cette personne dans l'adoration. Puis il prêcha. Après, il préleva l'offrande de cette personne et clôtura le culte. Il me raconta comment il rentra à son appartement dans l'état de dépression le plus profond et le plus noir de sa vie. Je suis heureux de vous dire qu'aujourd'hui, son église est une méga-église et continue de grandir.

4. Ne soyez pas pressé

Aucune graine ne devient un arbre du jour au lendemain. Aucun être humain n'atteint 1m 80 en une année. Aucun enfant de deux ans n'atteint l'âge de dix-huit ans en six mois. *Si vous avez un esprit de hâte, vous ne réussirez pas à démarrer une église.*

Un homme envieux a hâte de s'enrichir, et il ne sait pas que la disette viendra sur lui.

Proverbes 28 : 22

En fait, si vous êtes pressé, vous risquez de brûler les étapes, de briser l'église de quelqu'un d'autre et de critiquer ceux qui vous ont précédé. Vous commettrez de dangereux péchés dans les premiers stades de l'existence de votre jeune ministère. Ne vous attendez pas à grand-chose en l'espace d'une année. Ne soyez pas surpris si au bout de deux ans, votre église ne compte que vingt membres. Le grain de sénevé deviendra certainement une méga-église !

5. Priez pour des piliers et recrutez-en !

Priez pour des ouvriers. Demandez à Dieu de vous envoyer des personnes pour vous aider. Ensuite, sortez recruter des piliers. Jésus invita des individus à le suivre. Jésus recruta Simon et André. Puis, il recruta Jacques et Jean.

Comme il passait le long de la mer de Galilée, il vit Simon et André, frère de Simon… Jésus leur dit : Suivez-moi, et je vous ferai pêcheurs d'hommes.

Marc 1 : 16-17

Étant allé un peu plus loin, il vit Jacques, fils de Zébédée, et Jean, son frère…Aussitôt, il les appela ; et, laissant leur père…, ils le suivirent.

Marc 1 : 19-20

Plus tard, ces personnes devinrent des piliers de l'église.

Jacques, Céphas et Jean, qui sont regardés comme des COLONNES…

Galates 2 : 9

Parfois, vous êtes obligé de voyager au loin pour convaincre certains piliers importants de se joindre à vous. Faites extrêmement attention à ne pas détruire l'église de quelqu'un d'autre en construisant la vôtre.

Faire une invitation générale diffère du fait d'obliger les gens à quitter leurs églises pour se joindre à vous. L'existence même d'une église est une invitation. Souvenez-vous qu'on récolte ce qu'on a semé (Galates 6 : 7). Si vous incitez les piliers de l'église de quelqu'un d'autre à partir, un jour, il vous arrivera la même chose.

Prier pour des ouvriers est l'un des aspects les plus importants du recrutement. Faites-en un sujet de prière quotidien. Demandez à Dieu des ouvriers et des personnes engagées. Demandez-lui des personnes loyales envers vous et tout ce que vous entreprenez. Demandez-lui des personnes qui vous apporteront leur soutien.

Priez donc le maître de la moisson d'envoyer des OUVRIERS dans sa moisson.
Matthieu 9 : 38

6. Jetez des fondations de prière

Je recommande une période moyenne de prière et de jeûne de trois semaines ou plus. Priez pour l'avenir de l'église. Ne vous attendez pas à voir des résultats dès la semaine suivante. La réponse à ces prières apparaîtra au cours des années suivantes.

À mon arrivée à Korle-Bu (la région d'Accra dans laquelle se trouve notre église), j'avais l'habitude de me rendre à la plage à 22 heures pour prier en compagnie de quatre autres étudiants en médecine. Nous priions souvent jusqu'à minuit. Debout sur les rochers au bord de la mer, je disais une prière toute simple : « Seigneur, que ta volonté soit faite ! Fais ce que tu veux de ma vie. » Au fil des années, le Seigneur a exaucé cette prière au-delà de ce que j'aurais pu imaginer, même dans mes rêves les plus fous.

Je crois au fait de bâtir des fondations de prière et de jeûne dans les premiers stades de l'existence d'une église. L'église est une entité spirituelle, pas un club de société. Ses fondations doivent être à la fois scripturaires et spirituelles.

Certains passages des Écritures peuvent vous être utiles lorsque vous priez pour l'établissement et la croissance de l'église, à savoir :

> ... **Que ta volonté soit faite...**
>
> Matthieu 6 : 10

> ... **Que ton règne vienne...**
>
> Matthieu 6 : 10

> **Demande-moi et je te donnerai les nations pour héritage, les extrémités de la terre pour possession...**
>
> Psaume 2 : 8

> ... **que tu étendes mes limites...**
>
> 1 Chroniques 4 : 10

> ... **je multiplierai les hommes comme un troupeau.**
>
> Ézéchiel 36 : 37

> ... **À peine en travail, Sion a enfanté ses fils !**
>
> Esaïe 66 : 8

> ... **j'éprouve de nouveau les douleurs de l'enfantement...**
>
> Galates 4 : 19

7. Soyez un dirigeant motivant

Une fois que vous avez rassemblé les gens dans une pièce, vous devrez beaucoup les encourager et vous encourager vous-mêmes. Les gens penseront : « Vous êtes fou ? C'est ça une église ? » Vous devez apprendre à faire ce que fit David face au découragement : vous encourager vous-même.

> ... **Mais David reprit courage en s'appuyant sur l'Éternel, son Dieu.**
>
> 1 Samuel 30 : 6

Ensuite, vous devez encourager les autres. Dites-leur que si les débuts semblent peu de chose, l'avenir lui sera grand !

Ton ancienne prospérité semblera peu de chose, celle qui t'est réservée sera bien plus grande.
                                                     Job 8 : 7

Dites-leur de ne pas mépriser les petits débuts. Expliquez-leur que la fin est toujours meilleure que le début.

Quand ils verront que vous êtes confiant, ils auront la motivation pour continuer avec l'église.

Mieux vaut la fin d'une chose que son commencement...
                                                     Ecclésiaste 7 : 8

Car ceux qui méprisaient le jour des faibles commencements...
                                                     Zacharie 4 : 10

Dites-leur qu'ils ont le privilège d'être les membres fondateurs d'une merveilleuse église. Expliquez que les fondations constituent l'élément le plus important d'un édifice, raison pour laquelle ils sont les membres les plus importants qu'aura jamais l'église.

Dites-leur que Jésus a toujours réservé une place et une récompense spéciale aux apôtres, parce qu'ils faisaient partie de ses membres fondateurs.

Vous avez été édifiés sur le fondement des apôtres...
                                                     Éphésiens 2 : 20

Ne commettez pas l'erreur de les réprimander ou de leur crier dessus. Ne déversez pas votre frustration sur le peu de membres que vous avez. Ce n'est pas de leur faute si l'église est petite à ses débuts. Prêchez la foi ! Prêchez l'espérance ! Prêchez la stabilisation ! Prêchez un avenir meilleur ! Les gens aiment entendre que demain sera un jour meilleur. Vous devez être courageux et téméraire lorsque vous prêchez.

Je vous le dis, même s'il ne se levait pas pour les lui donner parce que c'est son ami, il se lèverait à cause de

son importunité [son manque de gêne] et lui donnerait tout ce dont il a besoin.

Luc 11 : 8

Le mot grec « *Anaidéia* » , rendu par importunité dans le passage ci-dessus, signifie également sans gêne. Quelqu'un qui insiste sans se gêner obtient des résultats. Voyons les choses en face ! Débuter un ministère avec un petit nombre de personnes s'accompagne d'une certaine dose de gêne. C'est pourquoi les gens méprisent les petits débuts !

Vous devez être sans gêne (*Anadéia*) dans tout ce que vous faites lorsque vous démarrez une église. Ne vous gênez pas d'inviter les gens à se joindre à vous dimanche matin. Quand ils verront que vous n'avez pas honte de votre église, ils voudront venir. Ne vous gênez pas de faire la publicité de votre église.

Les gens croiront à ce que vous direz au sujet de votre église. Si vous avez un assistant, il faut qu'il dise des choses positives concernant la prédication et l'église en général. Toutes ces choses aident à créer une atmosphère favorable à la croissance de l'église.

8. Témoignage et suivi

Ces deux choses doivent occuper une place importante dans les activités de votre église. Vous devez avoir le courage d'entrer dans les maisons de votre ville pour y prêcher Christ. Vous devez conduire les gens à Christ dans leur salon sans aucune honte. Priez pour eux et invitez-les à l'église.

Tenez-vous dans la rue et parlez de Jésus-Christ aux passants. Si vous êtes incapable de faire de l'évangélisation de rue sans avoir honte, c'est que vous ne pouvez pas être pasteur. Incitez la congrégation à inviter les gens à l'église chaque dimanche et montrez-leur l'exemple.

Ne soyez pas déprimé si la plupart des visiteurs ne reviennent pas. De toute façon, la plupart ne resteront pas. Dieu amènera la croissance de façon surnaturelle.

Les pasteurs doivent connaître le principe spirituel de la semence et de la récolte. Quoi que vous semez, vous le récolterez.

Ce qu'un homme aura semé, il le moissonnera aussi.

Galates 6 : 7

Si vous semez des invitations et des évangélisations, un jour vous récolterez. L'expérience m'a appris qu'après une croisade ou une sortie d'évangélisation, on obtient très peu de résultats au début.

Mais au bout d'un certain temps, les gens arrivent de l'endroit même où s'est déroulée l'évangélisation. En général, il ne s'agit pas des personnes à qui on a parlé, mais Dieu nous les envoie divinement. Servez-vous de tous les principes de l'Anagkazo *(Voir Anagkazo par l'évêque Heward-Mills.)*

9. Quelques erreurs à eviter

Ne vous empressez pas de nommer les gens à des postes de dirigeants. Laissez passer du temps avant de faire des nominations définitives. De toute manière, nombre de ceux qui sont avec vous au début vous quitteront.

Ne soyez pas découragé par le fait que l'assistance fluctue. Ne soyez pas découragé par la rotation des membres, c'est-à-dire par le fait qu'une partie des membres soit présente cette semaine et l'autre partie, la semaine d'après. *C'est comme cela que les brebis se comportent. Ignorez-les !*

Ne louez pas une salle qui coûte cher. Ne gardez pas l'argent de l'église chez vous ou sur un compte personnel. Un jour, quelqu'un vous accusera de vol, bien que vous ayez beaucoup apporté à l'église. Ne comptez pas l'argent vous-même, choisissez des personnes pour le faire.

10. Des choses dont vous n'avez pas besoin

Contrairement à ce que pensent les gens, il y a beaucoup de choses qui ne vous servent à rien lorsque vous démarrez une église. *Vous n'avez besoin ni d'une carte de visite, ni d'un attaché-case pour bâtir une méga-église. Avoir une constitution n'est pas vital au début.* Ce qui est important, c'est d'avoir des membres et une congrégation régulière. Avoir un logo ou une banderole pour l'église n'est pas important.

Au début, vous n'aurez peut-être pas besoin de faire enregistrer l'église. La liberté d'association et de religion existe dans beaucoup de pays. Contentez-vous de bâtir l'église et de la remplir de monde. Priez pour ces personnes, prêchez la Parole, rendez visite à vos brebis et faites confiance à Dieu ! Parce que Celui qui est au-dessus de tout est en vous, vous ne pouvez pas échouer !

Chapitre 8

Battez-vous pour avoir des membres engagés

Si vous voulez que votre église grandisse, vous devez vous battre pour avoir un plus grand nombre de membres engagés. Ces derniers constituent les briques d'une large église. **Si vous voulez vous agrandir, la clé de votre croissance réside dans des personnes engagées.**

Imaginons par exemple que vous soyez en train de construire une maison. Supposons que chaque jour, vous y ajoutiez cent briques. En fin de journée, il est probable que vous contempliez votre travail en vous disant : « Les choses s'améliorent. Le bâtiment grandit en beauté ! »

Comment vous sentiriez-vous si chaque matin, vous constatiez qu'il manque soixante-dix briques ? Vous seriez très frustré du fait que votre projet de construction avance très lentement.

Votre projet continuerait à se développer, mais à un rythme plus lent, en raison d'une perte régulière de briques. Dans une église, les membres sont des briques. Les briques manquantes sont les membres non engagés qui disparaissent souvent.

S'il veut avoir des membres engagés, le pasteur doit connaître le niveau d'engagement de chacun de ses membres. Ne vous laissez pas tromper par la vue d'une grande foule. **Dans une grande foule, on trouve des personnes avec différents niveaux d'engagement. Pour vos membres, vous devez rechercher le niveau d'engagement le plus élevé.** Avec les années, j'ai constaté qu'il existe quatre principaux types d'engagement.

Quatre (4) prinicipaux types d'engagement

1. L'engagement lié au beau temps

Le type d'engagement le moins élevé est *l'engagement lié au beau temps*. Il concerne des personnes qui ne sont engagées que lorsque les choses vont bien. La Bible dit qu'un homme riche a beaucoup d'amis, mais qu'un homme pauvre n'en a pas beaucoup.

> **La richesse procure un grand nombre d'amis, mais le pauvre est séparé de son ami.**
>
> **Proverbes 19 : 4**

À mes débuts dans le ministère, j'avais très peu d'amis. Lorsque mon ministère commença à grandir et avoir du succès, beaucoup de personnes prétendirent être mes amies. Beaucoup évoquèrent une assistance imaginaire qu'ils m'avaient apportée à mes débuts. Des pasteurs principaux jurèrent n'avoir jamais rien dit de négatif à mon endroit (ils l'avaient pourtant fait). Quand les choses vont mal, personne ne veut vous connaître. Mais une fois le ciel dégagé, tout le monde prétend être votre ami.

Les membres dont l'engagement est lié au beau temps sont des personnes qui ne sont engagées que lorsque tout va bien. Ils font partie de la foule qui est présente tant que l'église se développe et réussit. De telles personnes disparaissent lorsque survient une crise ou un problème. Vous ne pouvez pas compter sur elles lorsque vous construisez une méga-église. Les personnes dont l'engagement est lié au beau temps ne sont pas souvent conscientes de leur faible niveau d'engagement. C'est pourquoi le pasteur doit prêcher et enseigner contre le fait d'être engagé uniquement lorsque les choses vont bien.

2. L'engagement de type amitié de circonstance

Le second type d'engagement est ce que j'appelle l'*engagement de type amitié de circonstance*. Entre amis, il existe un certain degré d'engagement. Cet engagement peut revêtir deux formes : un engagement lié aux circonstances et un engagement non lié aux circonstances.

Il existe deux sortes d'amis dans le monde. Il y a des amis qui le sont parce que la *situation* le permet. À l'école par exemple, différentes situations peuvent amener des gens à être ensemble et à devenir amis. Nous avons tous des amis de ce type, qui ont été nos camarades de classe pendant des années et avec qui nous nous sommes liés d'amitié en raison des circonstances. Mais une fois que nous avons quitté l'école, ou lorsque nous les avons perdus de vue, nous avons cessé tout rapport avec eux. J'ai de nombreux amis de ce type.

Certaines personnes ne sont engagées envers leur église que lorsque la situation le permet. Il se peut qu'elles habitent près de l'église ou qu'il n'y ait aucune autre église alentour. Mais si une autre église devait s'installer dans le voisinage, elles s'y rendraient. Votre église compte peut-être beaucoup de membres. Mais ces derniers ne le sont que parce que les circonstances le permettent. On ne peut pas compter sur de telles personnes. Vous devez les pousser vers un niveau d'engagement plus élevé.

Ayez pour objectif de faire de tous vos membres des personnes engagées, quelles que soient les circonstances. C'est cela *un engagement non lié aux circonstances*. Ils sont engagés envers vous, quelle que soit la situation. Certains enfants vont à l'église parce que leurs parents font de même. Mais si leurs parents devaient cesser d'y aller, ils cesseraient aussi.

Attaqués un dimanche

Un jour, notre église fut attaquée par des pratiquants traditionalistes. Ce dimanche matin-là, une foule armée envahit l'église, lança des pierres sur l'église et s'en prit physiquement à plusieurs de nos membres et pasteurs. Je suis convaincu que ces gens étaient à ma recherche ce fameux matin. Cette attaque nous surprit tellement qu'elle reste solidement ancrée dans nos mémoires. Après l'attaque, nous dûmes nettoyer les traces de sang sur le sol.

Beaucoup de nos membres furent blessés et tout l'incident fut diffusé à la télévision nationale. Comme on pouvait s'y attendre, cela poussa les membres dont *l'engagement était lié au beau temps et ceux dont l'engagement était lié aux circonstances* à disparaître pendant plusieurs semaines. Une personne dont l'engagement est profond ne peut pas être touchée par ce type d'attaque.

Ce dimanche-là, de nombreuses voitures firent l'objet d'actes de vandalisme, leurs pare-brises furent détruits. Mais malgré cela, le dimanche d'après, les membres engagés étaient de retour à l'église avec leurs voitures. Attaque ou pas, ils étaient membres. En fait, certains déclarèrent qu'ils étaient prêts à mourir pour l'église si elle devait subir une nouvelle attaque.

Les membres qui ont un niveau d'engagement de type « beau temps » et ceux qui ont un niveau d'engagement de type « amitié de circonstance » ne sont pas très utiles à l'église en cas de crise. Le pasteur doit prêcher de manière à relever le niveau d'engagement de tous les membres.

3. L'engagement de type amitié non liée aux circonstances

Une fois que vos membres ont atteint ce niveau d'engagement, ils ne sont affectés ni par les offenses, ni par la séparation, ni par les conflits ou la distance. On peut davantage compter sur eux. Leur engagement est semblable à celui d'une amitié profonde. Les circonstances n'ont que très peu d'effet sur eux. Les pasteurs doivent avoir pour objectif de faire passer leurs membres à ce niveau d'engagement au moins.

J'ai des amis que je ne vois pas souvent. Par exemple, un de mes camarades de chambre à l'université, Dr Nosh, est un ami dont l'amitié n'est pas liée aux circonstances. Cela signifie qu'il est mon ami, que nous nous voyions ou pas. Nous habitons à deux endroits différents du monde, mais notre amitié n'est affectée ni par la distance, ni par la séparation. Je sais qu'il est mon ami et il sait que je suis son ami.

Je peux compter sur lui et il peut compter sur moi. Comme Jonathan et David, dont l'amitié devint un lien entre eux :

Jonathan protesta encore auprès de David de son affection pour lui, car il l'aimait comme son âme.

1 Samuel 20 : 17

4. L'engagement conjugal

Il existe un niveau d'engagement encore plus élevé : *l'engagement conjugal*. Dans ce type d'engagement, les personnes sont engagées comme si elles étaient mariées.

Dans le mariage, il ne devrait pas être question de divorce, mais de permanence. Il n'y a pas d'alternative. Vous ne pouvez pas décider de partir. Vous devez rester, c'est aussi simple que ça ! Vous y êtes pour de bon. Il peut y avoir des conflits, des défis ou même des déceptions, mais cela n'affectera en rien l'engagement d'un couple marié.

Comme tout le monde, j'ai eu des défis dans mon mariage. J'ai eu des moments heureux et des moments pas si heureux que ça. En dépit de cela, je n'ai jamais pensé au divorce.

Cette option a été mise de côté par la Parole de Dieu et mon niveau d'engagement. Rien ne peut et ne devrait pouvoir séparer un couple marié.

Notre engagement envers Christ correspond au niveau d'engagement conjugal. La Bible enseigne que nous sommes censés être mariés à Christ.

De même, mes frères... pour QUE VOUS APPARTENIEZ À UN AUTRE, À CELUI qui est ressuscité des morts, afin que nous portions des fruits pour Dieu.

Romains 7 : 4

La Bible enseigne que c'est lorsque l'engagement de l'église atteint le niveau de l'engagement conjugal qu'elle commence à porter des fruits pour Dieu. Plus le niveau d'engagement est élevé, plus les fruits sont nombreux.

C'est uniquement lorsqu'un homme et une femme ont un engagement conjugal qu'ils peuvent porter des fruits (enfants).

C'est ce type d'engagement que j'attends de tous les pasteurs, dirigeants et membres mûrs de l'église. Je suis engagé envers eux pour la vie et j'attends d'eux qu'ils soient engagés envers moi pour la vie. Quand une église est dirigée par un pasteur instable, la congrégation le remarque. Les membres de l'église ne sont pas prêts à donner le meilleur d'eux-mêmes s'ils ont le sentiment que le pasteur n'est là que pour un temps.

L'associé temporaire

Un jour, j'ai reçu la visite à mon bureau d'un pasteur et de son associé. J'ai demandé au premier : « Comment va le ministère ? »

« On s'en sort pas mal » m'a-t-il répondu. « Mais on a quand-même quelques difficultés. »

Le pasteur et son associé ont ajouté : « Comme vous le savez, notre église a connu crise après crise. » Le pasteur principal a continué : « Cela n'a pas été facile. Les gens quittent l'église un à un. »

Curieux, j'ai demandé à l'associé : « Est-ce que vous prévoyez de créer votre propre ministère un jour ? »

« Certainement ! » a-t-il dit. « Je ne travaille avec cet homme que pour un moment. Après, je lancerai mon propre ministère. »

« Oh, je vois. »

J'ai dit au pasteur principal (devant son associé) : « Si j'étais vous, je n'aimerais pas travailler avec quelqu'un qui se sert de moi comme un tremplin pour le lancement de son propre ministère. »

Je l'ai averti : « Lorsque ce pasteur vous quittera enfin, cela provoquera beaucoup de douleur et de conflits dans l'église. »

« Vraiment ? » s'est-il exclamé.

Je lui ai conseillé : « Personnellement, je ne crois pas que votre associé le plus proche devrait avoir un niveau d'engagement si bas. Je crois qu'un pasteur doit avoir dans une église le niveau d'engagement le plus élevé qui soit. Je crois qu'il devrait avoir ce que j'appelle un engagement conjugal. »

« Je ne souhaite travailler qu'avec des personnes engagées. Cela, parce qu'alors, je peux m'investir en elles. »

J'ai continué : « Prenez par exemple un jeune homme et une jeune femme qui se fréquentent. Une jeune femme respectable ne serait pas prête à se dévêtir et accomplir des actes de profond engagement avec son fiancé. Néanmoins, si ce jeune homme la conduit à l'autel du mariage et signe un contrat, il pourra attendre d'elle le niveau d'engagement le plus élevé (jusqu'à ce que la mort nous sépare). Cette même jeune et respectable dame serait alors prête à lui accorder le niveau d'engagement le plus élevé et à adopter le comportement d'engagement profond que cela implique. »

« Vous comprenez ce que je veux dire ? », ai-je demandé au pasteur.

Il avait l'air de comprendre.

« Je ne peux prendre un engagement profond avec quelqu'un que si cette personne m'assure de son plus haut niveau d'engagement. » ai-je ajouté.

Peu de temps après, ce pasteur principal m'appela en disant : « Comme vous l'aviez prédit, mon associé m'a quitté soudainement et cela m'a fait beaucoup de peine. »

Au moment de notre conversation, il avait quelque soixante-dix membres dans son église. Mais après le départ de son associé, il ne lui resta plus que vingt membres. L'absence d'un niveau d'engagement élevé chez les associés et les pasteurs cause beaucoup de dommages dans l'église. *La congrégation suit ce que font les pasteurs.* Si elle voit un engagement superficiel, elle aura également un niveau d'engagement bas.

Soyons engagés les uns envers les autres. Je suis de ceux qui donnent le meilleur d'eux-mêmes pour venir en aide aux gens. Je ne souhaite pas investir ma vie et mon âme dans des personnes qui finiront par me mépriser et me détruire.

Prêchez sur l'engagement conjugal. Enseignez l'engagement conjugal. Le niveau d'engagement de vos membres augmentera. Ils deviendront de solides briques dans votre méga-église. Chaque fois que vous parlez à un membre de l'église, évaluez son niveau d'engagement. Essayez de le classer dans un de ces quatre niveaux d'engagement. Ensuite, vous devez travailler à ce qu'il atteigne un niveau d'engagement plus élevé. Si vos membres sont très engagés, personne ne peut les inviter ailleurs et vous les voler.

> **Car j'ai l'assurance que ni la mort ni la vie, ni les anges, ni les dominations, ni les choses présentes ni les choses à venir, ni les puissances, ni la hauteur, ni la profondeur, ni aucune autre créature ne pourra nous séparer de l'amour de Dieu manifesté en Jésus-Christ notre Seigneur.**
>
> **Romains 8 : 38-39**

Chapitre 9

Comment avoir des membres dévoués

Avant de s'établir comme membre de votre église, une personne passe par trois stades. En tant que berger, vous devez pouvoir faire la différence entre les différents types de membres que vous avez.

> **Toutes les nations seront assemblées devant lui. Il séparera les uns d'avec les autres, comme le berger sépare les brebis d'avec les boucs ;**
> **Matthieu 25 : 32**

Trois (3) types de membres

1. Les membres au stade de cerf

Les premiers temps de sa conversion, une personne se comporte comme un cerf : indomptée, le pas léger, difficile à maintenir en place. Vous devez la poursuivre à travers les montagnes et les forêts. Elle est difficile à contrôler.

Il est important de faire sortir vos membres de ce stade. Quand vous leur rendez visite, ils jouent à « cache-cache » avec vous. Les cerfs sont des créatures agiles.

Le cerf et son assistante

Il y a dix-sept ans, j'ai rendu visite à une membre qui se trouvait au stade de cerf. Il se trouvait qu'elle n'avait pas du tout envie de voir son berger.

C'était l'un des cerfs de mon groupe de partage. J'essayais de la faire passer du stade de cerf à celui de brebis. Je me souviens d'un soir où j'ai frappé à sa porte au Volta Hall de l'Université du Ghana.

Une voix me répondit de l'intérieur : « Qui est-ce ? »

« C'est moi, frère Dag. Je cherche sœur Adélaïde. »

Au bout d'un certain temps, sa camarade de chambre répondit : « Entrez. »

Cette camarade de chambre se trouvait être sa sœur Irène.

« Bonjour, je cherche Adélaïde. Est-elle là ? »

Affichant un gentil sourire, elle répondit : « Désolée, elle n'est pas là. »

« Je vois. Où est-elle allée ? »

« Je ne sais pas. Elle est sortie sans rien dire. »

« D'accord. S'il vous plaît, dites-lui que je suis passé voir comment elle allait. »

« D'accord » fit-elle, toujours avec un gentil sourire. « Je lui dirai que vous êtes passé à son retour. »

Chaque chambre avait un balcon et Adélaïde s'y était cachée, ce que j'ignorais. J'étais un berger qui avait affaire à un cerf et à son assistante. Il n'y a que les cerfs qui jouent à cache-cache.

Je réussis quand-même à faire d'elles des brebis. Aujourd'hui, ce sont des « brebis » membres.

2. Les membres au stade de bouc

Les boucs sont mieux que les cerfs. Ils sont beaucoup plus casaniers et accessibles. Mais un bouc est plus indépendant qu'une brebis. Il n'en fait qu'à sa tête et a moins tendance à suivre.

Quand un membre de l'église dépasse le stade de cerf, il passe à celui de bouc. Aussitôt qu'un cerf aperçoit un être humain, il s'enfuit. Quant au bocu, il ne s'enfuit pas. **Les boucs sont plus amicaux que les cerfs, même si on retrouve chez eux quelques traces d'entêtement.**

3. Les membres au stade de brebis

Le groupe des brebis est le meilleur des trois. En tant que pasteur, vous devez avoir pour objectif d'avoir une église remplie de brebis dévouées. Ces personnes suivent le berger. Elles restent ensemble et suivent le groupe. De telles personnes sont plus faciles à diriger.

En général, les brebis sont des membres dévoués, engagés, fidèles, fiables et affectueux. Si votre église est remplie de brebis dévouées, vous serez un pasteur heureux. Elles seront toujours à vos côtés et recevront vos soins.

Dix (10) clés pour avoir des membres dévoués

Ils PERSÉVÉRAIENT dans l'enseignement des apôtres, dans la communion fraternelle...
Actes 2 : 42
(Version Louis Segond, 1910)

Ils SE MONTRAIENT ASSIDUS à l'enseignement des apôtres, fidèles à la communion fraternelle...
Actes 2 : 42
(La Bible de Jérusalem)

Ils ÉTAIENT ASSIDUS à l'enseignement des apôtres et à la communion fraternelle...
Actes 2 : 42
(TOB)

La fonction première d'un berger est de faire passer les membres du stade de cerf à celui de brebis dévouée.

Nous tous... sommes TRANSFORMÉS en la même image, de gloire en gloire...
2 Corinthiens 3 : 18

Le mot « transformer » vient du mot grec *metamorphoo*, qui signifie métamorphose. Le mot métamorphose fait souvent penser à une transformation spectaculaire qui s'opère à l'intérieur d'un cocon lorsqu'une larve se transforme en papillon. Quand on voit un papillon voler avec élégance, on n'a aucune idée de ce à quoi il ressemblait avant. Un changement drastique et important s'est opéré : une *métamorphose*.

C'est ce même type de *métamorphose* qui peut s'opérer chez les membres d'une église. Les gens changent parce que la Parole est prêchée. Ils sont transformés par un renouvellement de leur esprit. Des chrétiens légers et hésitants peuvent se transformer en membres dévoués et zélés.

Dans le paragraphe qui va suivre, je vais citer quelques clés relatives au développement de membres dévoués.

La condition première est que vous le pasteur, soyez dévoué. Le dévouement est quelque chose de spirituel, il peut être perçu. Trois grands éléments vous permettront de développer des membres dévoués : qui vous êtes, ce que vous dites et ce que vous faites.

Clé n°1 : Soyez un pasteur dévoué !

Le pasteur doit être dévoué à son église et à ses paroissiens. Le dévouement est quelque chose de spirituel. Il se transmet parfois par osmose, de personne à personne. *L'engagement et le sacrifice non-dits des dirigeants est contagieux. Il se transmet d'un membre à l'autre sans mot dire.* Pourquoi je dis cela ? Parce que ce ne sont pas tous les pasteurs qui sont engagés envers leur église.

J'ai commencé mon ministère lorsque j'étais étudiant en médecine. En 1987, je me battais déjà en tant que pasteur/qu'étudiant en médecine. Les jeunes étudiants fraîchement sortis de l'École de médecine au Ghana ont pour habitude d'aller en Amérique à la recherche d'une « herbe plus verte ». Aux États-Unis, en Angleterre et en Afrique du Sud, ils gagnent des milliers de dollars.

Ma toute jeune église était remplie de personnes attendant de voir si j'allais rester au Ghana ou sortir du pays. Le moment de me décider venu, j'annonçai avec assurance à mes membres que j'allais rester avec eux. Je n'allais pas les abandonner. À partir de ce jour-là, je constatai un changement spectaculaire dans l'engagement de mes membres envers l'église.

La brebis peut sentir l'engagement du pasteur. Personne n'a envie de suivre une personne qui l'abandonnera en cours de route. Non seulement le pasteur principal doit être dévoué, mais les associés et les assistants doivent l'être également. Les pasteurs assistants doivent être dévoués tant au pasteur principal qu'aux paroissiens. La semence du dévouement provoque une multiplication de l'engagement des paroissiens.

Clé n°2 : Dites des choses positives au sujet de l'église

Tout le monde souhaite appartenir à quelque chose de bien. La nature humaine est ainsi faite. Les gens sont plus susceptibles d'être dévoués à quelque chose qui marche qu'à quelque chose qui ne marche pas. J'ai appris qu'il est possible de développer son église *en se servant de sa bouche*. Si vous voulez que votre église grandisse, dites à vos membres qu'ils font partie d'une bonne église. Dites des choses positives au sujet des autres pasteurs de l'église. Ne faites pas de critiques à leur endroit.

C'est pour cette raison que nous parlons de *méga-église* en faisant référence à Lighthouse Chapel International. Je suis sûr que cela préoccupe beaucoup de personnes. C'est juste notre confession de foi !

Nous savons que nous avons un long chemin à parcourir. Nous savons que nous avons encore beaucoup de choses à apprendre. Mais nous sommes convaincus d'avoir un méga ministère qui a un méga impact dans un monde perdu et mourant !

Clé n°3 : Dites des choses positives au sujet des pasteurs

Le pasteur associé doit dire des choses positives au sujet du pasteur principal. Il doit dire des choses telles que : « Cet enseignement est un des meilleurs au monde. » Il doit dire à la congrégation : « Nous sommes bénis d'avoir un tel homme de Dieu comme pasteur. » Actes 2 dit qu'ils persévéraient dans la doctrine (l'enseignement) des apôtres. Une des versions de la Bible dit :

> **Et ILS PERSÉVÉRAIENT dans la doctrine et la communion des apôtres…**
>
> **Actes 2 : 42**
>
> (Traduit selon la version anglaise de J. N. Darby)

Vous pouvez faire en sorte que vos membres soient dévoués à vos enseignements. Faites en sorte qu'ils entendent que c'est un des meilleurs enseignements qu'ils puissent avoir. Le pasteur assistant doit constamment rappeler à la congrégation le don précieux que leur a gracieusement fait Dieu en la personne de leur pasteur principal.

Je suis le meilleur prédicateur pour mon église

Je suis convaincu d'être le meilleur prédicateur pour mon église. Ce n'est pas de la vanité, mais simplement du bon sens biblique. Je suis leur berger et je sais ce qui est mieux pour mes gens. Quand Dieu donne un enfant à une femme, il remplit ses seins de lait pour son bébé. Dieu ne remplit pas de lait les seins d'une autre femme pour cet enfant.

De la même manière, Dieu a rempli mon esprit de Sa Parole pour mes brebis. Mes seins spirituels sont remplis de lait spirituel pour mes enfants spirituels. C'est pourquoi je prêche toujours mes paroissiens. **J'ai d'autres pasteurs, mais j'assure quatre-vingt dix pour cent des prédications et des enseignements. Cela, parce que je suis le berger et que Dieu m'a confié la tâche d'allaiter les brebis.**

Les pasteurs doivent occuper le pupitre et accomplir honorablement leurs tâches. Je remercie Dieu pour les pasteurs en visite. Beaucoup d'entre eux ont prêché dans mon église et ont été une bénédiction. Mais je suis le meilleur berger pour mes brebis.

Je fais en sorte que mes paroissiens soient dévoués à mes prédications et enseignements de plusieurs manières. Je leur fais savoir que c'est ce qu'il y a de mieux pour eux. Si vos membres ne sont pas dévoués à vos enseignements et prédications, ils le seront à ceux de quelqu'un d'autre, et votre église ne grandira pas.

J'ai souvent vu les pasteurs en visite être plus appréciés que le pasteur résident. C'est vraiment dommage ! Les pasteurs en visite sont souvent acclamés comme des super héros, tandis que les pasteurs résidents sont ignorés. Les paroissiens ne devraient pas se leurrer en pensant que le pasteur en visite a davantage à leur offrir que leur propre pasteur. Ce n'est pas vrai ! Il se peut qu'il ait quelque chose de différent à offrir, mais pas de mieux ! C'est uniquement parce que le pasteur résident a bien nourri les brebis qu'il y a une congrégation suffisamment préparée pour recevoir un pasteur en visite.

Une des traductions d'Actes 2 : 42 dit qu'ils étaient assidus **à l'enseignement des apôtres et à la communion fraternelle.** À l'époque de la Bible, les chrétiens étaient dévoués à deux choses principales :

- les enseignements de leurs pasteurs
- la communion fraternelle.

Lisez Actes 2 : 42 vous-mêmes. Lisez différentes versions de ce verset. C'est clair comme de l'eau de roche ! N'importe qui pourrait comprendre ces deux stratégies clés de la croissance de l'église.

Faites en sorte que votre église ressemble à l'église du Nouveau Testament, et vous aurez les milliers de membres dont parle le livre des Actes. Si votre pasteur associé ne dit pas des choses positives au sujet de vos enseignements, trouvez-vous-en un qui le fasse !

Clé n°4 : Dites des choses positives au sujet de vos paroissiens

Vous devez dire des choses positives au sujet de vos paroissiens afin de favoriser les relations entre brebis. Certaines personnes disent des choses telles que : « Je n'ai pas confiance en ces paroissiens. » « Je ne veux voir aucun paroissien chez moi. »

Certes, certains paroissiens peuvent vous décevoir. Ce n'est pas une raison pour avoir une attitude négative envers les autres membres. Ce serait une grande erreur !

J'ai entendu des chrétiens dire : « Plutôt employer un musulman qu'un chrétien. » Ce n'est pas biblique ! La Bible nous enseigne à faire du bien aux chrétiens, en particulier aux membres de l'église.

Ainsi donc, pendant que nous en avons l'occasion, pratiquons le bien envers tous, ET SURTOUT ENVERS LES FRÈRES EN LA FOI.
Galates 6 : 10

Que vous ayez eu des expériences déplaisantes avec des hommes chrétiens ne signifie pas que vous devez épouser un incroyant. Vous réagissez à l'envers. C'est de la bêtise !

Dites des choses positives au sujet des chrétiens, surtout de vos paroissiens. Cela les poussera à entretenir des relations les uns avec les autres. Si vous dites du mal d'eux, les nouveaux membres n'établiront pas des liens vitaux avec eux. Il s'agit-là d'un principe.

Les gens sont souvent attirés à l'église par le pasteur, mais ils y restent à cause des relations qu'ils y développent.

N'oubliez jamais cela ! Les gens restent à l'église à cause des relations qu'ils y établissent. Il est du devoir du pasteur de créer une interaction entre les membres de l'église.

C'est là une clé importante à mettre en pratique si vous désirez vraiment avoir une grande église. La Bible dit qu'ils étaient dévoués à la communion fraternelle. Les membres doivent être dévoués à la communion fraternelle entre chrétiens de la même église.

Si vos paroissiens se connaissent à peine, présentez-les les uns aux autres et encouragez-les à établir des relations. Encouragez-les à être engagés envers l'église. Enseignez-leur qu'il est important de venir à l'église tout le temps. **Enseignez-leur à ne pas prendre l'habitude de se balader d'une église à l'autre, histoire de savoir ce qui s'y passe.** Expliquez-leur que seuls les diables se promènent. (Job 1 : 7)

Clé n°5 : Encouragez les employeurs à embaucher les paroissiens

En pratique, vous pouvez également encourager les membres à être dévoués à la communion fraternelle de différentes manières. Quand j'ai un membre d'église qui occupe un poste important, je l'encourage à aider de façon consciente les autres paroissiens à trouver un emploi. Ne pensez pas que c'est une chose naturelle. Il est important que le pasteur intervienne.

Quand un membre de Lighthouse trouve un emploi dans une compagnie, très souvent, d'autres membres de l'église y trouvent également un emploi. Aujourd'hui, cela arrive naturellement sans que j'aie besoin d'intervenir. Mais au début, j'ai dû encourager cette interaction.

Beaucoup de personnes ont été déçues du mauvais comportement de certains membres. Ne prenez pas trop à cœur le comportement indigne qu'affichent certains membres de l'église lorsqu'ils sont embauchés. Ce sont des êtres humains. Continuez à en recommander d'autres dans un esprit d'amour et de pardon. Un employeur a dit un jour qu'il n'emploierait plus un membre de l'église parce que ce dernier arrivait en retard, disant qu'il était allé témoigner tôt le matin. C'est n'importe quoi ! Ce n'est pas parce que vous allez témoigner que vous devez arriver en retard au travail. Moi je vous encouragerais à renvoyer une telle personne. Les membres de l'église doivent être disciplinés.

Clé n°6 : Encouragez les membres à postuler pour des emplois au sein de *la famille de l'église*

Quand un de vos paroissiens est à la recherche d'un emploi, orientez-le vers d'autres paroissiens qui peuvent l'aider à trouver un emploi. Cela permet d'augmenter l'engagement des membres, car les brebis se rendent compte que vous les aimez vraiment. L'église devient alors une famille importante à laquelle il faut appartenir.

Clé n°7 : Encouragez les membres de l'église à se marier entre eux

Avez-vous remarqué comment certaines filles paraissent très engagées envers une église ? Beaucoup d'entre elles y entretiennent des relations. Très souvent, c'est leur fiancé qui constitue la colle qui leur permet d'être fixées à l'église. Elles sont engagées envers l'église par cette relation. Elles sont cimentées dans l'église par cette relation. C'est ce que j'appelle du *ciment de berger*.

Comme je l'ai dit plus tôt, il se peut qu'au début elles soient attirées par l'homme de Dieu. Mais si elles restent, c'est à cause des relations qu'elles développent au sein de l'église !

Je répète souvent aux membres de mon église qu'ils peuvent trouver la personne qu'ils souhaitent épouser au sein de la congrégation. Qu'ils souhaitent quelqu'un de grand, petit, gros, maigre, noir ou café au lait, ils peuvent trouver chaussure à leur pied au sein de l'église !

Bien entendu, ce n'est pas un péché de se marier à quelqu'un d'extérieur à votre église. Beaucoup de membres de mon église le font ! Ce que je dis, c'est que j'encourage les membres de mon église à se marier les uns avec les autres. Chaque fois qu'une de nos « filles » en qui nous avons investi se marie et s'en va dans une autre église, nous perdons un membre. Mais si ce membre reste à l'église, il contribuera à sa croissance.

Le couple donnera également naissance à des enfants, qui deviendront membres de notre église pour enfants, et feront partie plus tard de notre assemblée d'adultes. Il se peut que vous ne soyez pas d'accord avec cette théorie. Toujours est-il qu'elle marche très bien pour moi !

Clé n°8 : Encouragez les membres à entretenir des liens *sociaux et fraternels*

L'église de l'Ancien Testament était dévouée à la communion fraternelle ! Les gens nous accusent souvent de rester entre nous et de ne pas nous ouvrir à l'extérieur. Mais ce n'est absolument pas notre intention ! Nous voulons également communiquer avec l'extérieur pour pouvoir gagner des âmes.

Mais assurez-vous que vous encouragez vos paroissiens à se faire des amis au sein de l'église. **Si les amis de vos paroissiens se trouvent dans l'église, ils auront une double raison de venir à l'église.** Au début, ils viendront pour chercher de la nourriture spirituelle. Ensuite, ils viendront pour rencontrer leurs amis. Il est facile de perdre des membres dont la plupart des amis se trouvent à l'extérieur de l'église.

Clé n°9 : Développez de plus petites familles au sein de la grande famille de l'église

Mon église est constituée de plusieurs petits groupes. Certains comptent cinq ou dix membres, d'autres cinquante.

Ce sont ces petits groupes, appelés ministères ou groupes de partage, qui constituent le noyau des relations de famille dans notre église. Cela vous surprendra peut-être de découvrir que ces gens sont plus engagés envers ces petits groupes qu'envers la grande église. Quand il y a un mariage ou des funérailles, ce sont souvent ces petits groupes qui sont concernés. Même pour les événements sociaux, la plupart des amis proviennent de ces petits groupes.

Clé n°10 : Devenez un père ou une mère *pour votre église*

Certains pasteurs ne réussissent jamais à aller au-delà de leur statut d'enseignant des doctrines et vérités. Les poussins se rassemblent autour de leur mère parce qu'ils s'y sentent en sécurité.

> **... combien de fois ai-je voulu rassembler tes enfants, comme une poule rassemble ses poussins sous ses ailes...**
>
> **Matthieu 23 : 37**

Si vous voulez que votre église grandisse, développez des qualités de père ou de mère. Soyez tout pour vos brebis : un ami, un frère, un père. Montrez que vous vous souciez de votre troupeau. Intéressez-vous à ce qui les concerne. Intéressez-vous à leurs études. Prenez des nouvelles de leurs affaires. Aidez-les dans leur mariage. Corrigez-les lorsqu'elles se trompent. Reprenez-les et disciplinez-les quand il le faut. Ne vous contentez pas de leur donner de bons enseignements. Soyez un père ou une mère pour votre troupeau. **L'onction qui permet d'être un père ou une mère, c'est l'onction qui permet de rassembler.**

> **J'ai été faible avec les faibles, afin de gagner les faibles. JE ME SUIS FAIT TOUT À TOUS, AFIN D'EN SAUVER DE TOUTE MANIÈRE QUELQUES-UNS.**
>
> **1 Corinthiens 9 : 22**

Chapitre 10

L'évangélisme de rétention

L' « évangélisme de rétention » est un des secrets de croissance de l'église. *L'évangélisme de rétention, c'est l'art de gagner des âmes et de les retenir.* Chaque pasteur doit apprendre à conserver ce qu'il possède déjà, à tout prix.

… Ramassez les morceaux qui restent, afin que rien ne se perde.

Jean 6 : 12

Jésus n'a gaspillé aucune de ses bénédictions. Il voulait économiser autant qu'il pouvait. Cela s'applique également à la croissance de l'église. Le problème n'est pas d'amener un plus grand nombre de personnes à l'église, mais de les retenir ! Si nous parvenons à retenir tous les visiteurs et toutes les âmes qui entrent dans notre église, nous arriverons à bâtir une méga-église pour Jésus.

Le pasteur d'une méga-église s'intéresse à ce que les autres méprisent. **Intéressez-vous à chacun des membres.** Jésus ramassait les morceaux. Si les morceaux étaient importants pour le Seigneur, alors ils doivent être importants pour vous. Chaque membre, grand ou petit, riche ou pauvre, doit être important pour vous !

Je n'ai perdu aucun de ceux que tu m'as donnés.

Jean 18 : 9

Je vais partager avec vous trois stratégies essentielles pour retenir les membres de l'église.

Trois (3) stratégies essentielles pour garder des membres

1. Le suivi permet la rétention

Il y a quelques années, j'ai appris une vérité simple que j'ai retenue jusqu'à présent. Cette vérité m'a beaucoup aidé dans le ministère. C'est le secret de la rétention au moyen du suivi.

Mes professeurs de physique m'ont montré une fois un graphique de la population d'une ferme avicole. Ce graphique montrait que la population de volailles avait stagné à un bas niveau pendant une longue période. À un moment donné, les volailles commencèrent à se multiplier et la population de la ferme s'accrut sensiblement. Quelque chose était à l'origine de cette multiplication.

Je regardai la population mondiale, qui était restée à un même niveau jusqu'au début du vingtième siècle. À la fin du vingtième siècle, la population mondiale commença à s'accroître sensiblement.

Je me posai la question suivante : « Qu'est-ce qui a provoqué la croissance soudaine de la population de la ferme ? »

Je me demandai également : « Qu'est-ce qui a provoqué une croissance si importante de la population mondiale ? »

La réponse était simple : lorsque les volailles de la ferme avicole avaient reçu le bon médicament et avaient cessé de mourir des épidémies, le nombre de volailles s'était soudainement accru. Quant à la population mondiale, le schéma était le même. La croissance de la population mondiale n'était pas la conséquence d'un nombre plus élevé de naissances. En réalité, le nombre de naissances était resté relativement le même. La raison de cette croissance était une réduction du taux de mortalité. L'espérance de vie avait augmenté grâce aux progrès de la médecine.

La médecine a fait des progrès remarquables depuis le début du vingtième siècle. Des maladies qui pendant de nombreuses années ont tué des êtres humains sont maintenant traitées au moyen d'une seule injection. Les enfants ne meurent plus des suites d'une tuberculose ou d'un paludisme comme auparavant.

Ces deux graphiques sont très révélateurs ! **Si on arrive à empêcher un grand nombre de convertis de s'en aller, l'église connaîtra une croissance du type de celle de la ferme avicole.** Si on arrive à empêcher un grand nombre de chrétiens de partir, on connaîtra peut-être une croissance accélérée, semblable à celle de la population mondiale.

Graphique de la population / du suivi

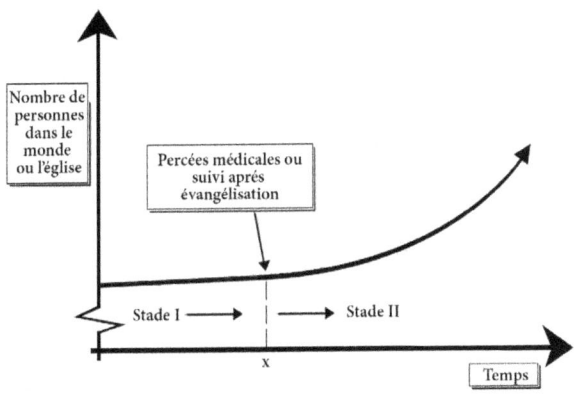

Stade I

- Le taux de mortalité est élevé.
- Absence de médicaments, absence de solutions médicales.
- La population croissait à un rythme très lent.

Stade II

- À la période X, il y eut une révolution médicale.
- Le taux de mortalité fut sensiblement réduit : moins de personnes mouraient.
- Soudain, la population commença à croître à un rythme très rapide.

- Au stade 1, l'église enregistrait très peu ou pas de croissance. Quand elle commença à faire du suivi, elle parvint à retenir les personnes gagnées au moyen de l'évangélisation à partir d'un point X et suivants. Notez comment l'église se mit à croître au stade II.

Ce graphique peut être celui des membres de votre église. Le tournant, comme vous pouvez le voir, c'est lorsque commence la rétention. Je vois votre église se multiplier grandement au nom de Jésus !

Tout pasteur qui réussit doit avoir ce graphique solidement ancré dans l'esprit. Le ministère du suivi est important parce que sans lui, le jeûne et la prière pour la croissance de l'église ne servent à rien. Sans le suivi, toute évangélisation est vaine ! Ne nous ridiculisons pas ! Si nous évangélisons et invitons des gens à l'église, pourquoi ne pas faire leur suivi ? Je suis convaincu que chaque nouveau converti doit faire l'objet d'un suivi.

L'art du suivi

Vous devez garder à l'esprit que le ministère du suivi est un exercice à la fois physique et spirituel. Il se compose de trois parties : prière, visite et enseignement. Souvenez-vous que l'église n'est pas un club de société. Il s'agit d'une organisation spirituelle qui opère à travers la prière et la Parole de Dieu.

Trois (3) principes pour le suivi

1. Priez pour les visiteurs et les convertis

Priez pour que tous les visiteurs et les convertis reviennent à l'église. Déclarez qu'ils reviendront la semaine suivante. Prophétisez que lorsqu'ils seront rentrés chez eux, ils reviendront la semaine suivante avec leurs familles. Priez pour qu'ils s'établissent en Christ !

Vous avez combattu pour qu'ils naissent de nouveau. Combattez maintenant pour que Christ soit formé en eux !

Mes enfants, pour qui j'éprouve de nouveau les douleurs de l'enfantement, jusqu'à ce que CHRIST SOIT FORMÉ en vous.

Galates 4 : 19

Sans la prière, vous perdez votre temps. Je souhaite vraiment insister sur le fait que la prière est importante pour réaliser quoi que ce soit dans le Royaume de Dieu. Les pasteurs doivent dégager une énergie spirituelle chaque fois qu'ils prêchent ou s'occupent d'une brebis. Conduisez toute votre église dans la prière pour l'établissement des visiteurs et des convertis dans l'église.

2. Rendez visite aux nouveaux convertis et aux visiteurs

Il est important de rendre visite à tous les nouveaux convertis et aux visiteurs. C'est une chose à laquelle les membres de l'église peuvent participer. **Les églises sont remplies de chrétiens endormis et paresseux qui ne contribuent en rien à l'œuvre de Dieu.** Un seul individu ne peut pas visiter de manière efficace un grand nombre de personnes. Mais cent ouvriers bien formés peuvent faire bien plus. Je fais participer beaucoup de personnes au suivi des nouveaux convertis.

Les membres de l'église doivent être formés pour effectuer trois types de visites.

Trois (3) types de visites

i. La visite IDL

Elle consiste à IDentifier et Localiser le lieu d'habitation des convertis. J'encourage les membres de mon église à accompagner chez eux les nouveaux convertis après le culte. Cette première visite permet de repérer leurs maisons. Parfois, l'adresse officielle ne correspond pas à la réalité sur place. Se rendre en personne sur place est une étape puissante du processus de visite.

ii. La visite PEAP

Cette visite sert à prêcher la Parole. Vous devez Encourager vos nouveaux convertis. Cette seconde visite sera une preuve que vous les Aimez réellement. Pour finir, vous devez Prier avec eux en vue de l'établissement de leur âme et leur bien-être en général.

iii. La visite ABA

Elle concerne l'Anagkazo, le Biazo et l'Anadéïa *(pour plus d'informations, voir « Anagkazo », par l'évêque Heward-Mills).*

Parfois, vous devez rendre visite à vos membres et les emmener vous-même à l'église. Montrez que vous vous souciez d'eux en attendant patiemment qu'ils se préparent et emmenez-les à l'église. Beaucoup de chrétiens inactifs deviendraient actifs s'ils trouvaient quelque chose à faire à l'église. Enseignez ces trois types de visites pour le suivi des nouveaux convertis et vous découvrirez combien de vos membres s'ajouteront au nombre des chrétiens actifs.

3. Ne perdez pas votre temps

Vous devrez faire attention à ne pas perdre votre temps avec les convertis qui ne sont pas sérieux. La Bible enseigne qu'il faut confier les choses à des personnes fidèles. En d'autres termes, ne perdez pas votre temps avec des personnes infidèles.

> **Et ce que tu as entendu de moi… CONFIE-LE À DES HOMMES FIDÈLES,…**
>
> **2 Timothée 2 : 2**

Fidèle signifie constant et fiable. Lorsqu'un nouveau converti dit qu'il sera présent et ne se présente pas, cela peut être un signe d'infidélité. **Apprenez à distinguer convertis fidèles et infidèles et consacrez votre temps et investissement aux personnes fidèles.**

Il m'est arrivé à plusieurs occasions de perdre mon temps avec des convertis qui n'étaient pas sérieux (ils n'étaient probablement même pas nés de nouveau.) Avec le temps, j'ai appris à distinguer les personnes sérieuses avec Dieu et celles qui ne font que s'amuser. Quand vous avez de nombreux convertis, vous devez vraiment apprendre à faire la différence entre ceux qui sont sérieux et ceux qui ne le sont pas.

Cela est d'autant plus crucial lorsque vos convertis dépassent en nombre vos ouvriers laïcs. **Dans ce cas, vous ne devez suivre que ceux qui sont réellement sérieux.**

2. Concentrez-vous pour retenir

L'évangélisme de rétention demande de la concentration. Dans chaque ville, il existe différents types d'églises et de pasteurs. En dépit du fait que ces pasteurs et églises entretiennent des relations, en général, ils finissent par être pris dans toutes sortes de conflits. Malheureusement dans le monde réel, il y a de la concurrence entre églises et pasteurs. Il y aura toujours un ou deux pasteurs luttant pour la suprématie dans le Corps de Christ de leur ville.

Qui est notre père et dirigeant à tous ? Certains diront : « Je suis le père et le dirigeant de tous les chrétiens de la ville. » D'autres prendront position et se joindront à une faction ou une autre. Sachez dès à présent que votre église ne grandira pas si vous prenez part à ce genre de choses.

La politique demande à la fois du temps et de l'énergie. **La croissance de l'église demande de la concentration.** Le soleil brille sur chacun de nous, mais aucun de nous ne peut attraper le feu. En faisant converger les rayons du soleil vers un endroit précis au moyen d'une loupe, on peut parvenir à faire brûler un morceau de papier. C'est le principe de la concentration. *Si les rayons du soleil ne convergent pas, ils n'ont aucun pouvoir de mettre le feu.*

Consacrez votre énergie spirituelle à votre vocation. Notre objectif principal doit être de répondre à l'appel de Dieu. Un prophète racontait une vision qu'il avait eue à un de mes amis. Il avait vu un homme de Dieu mondialement connu debout sur un podium. Derrière ce podium, il y avait deux générateurs d'électricité. Un des générateurs était en marche et l'autre ne l'était pas. Dans sa vision, il entendit la voix de Dieu qui disait haut et fort : « Cet homme a négligé la moitié de son ministère. » Il avait mis de côté la dimension de puissance et d'évangélisation de son ministère et ne faisait que la moitié de ce qu'il était appelé à faire.

Deux semaines après cette révélation, cet homme de Dieu mondialement connu mourut soudainement. Cela fut un réel choc pour tout le monde, y compris moi. Ne pas se concentrer peut vous coûter votre église. Cela peut vous coûter votre ministère. Cela peut même vous coûter la vie !

3. Le dévouement permet la rétention

Enseigner le dévouement à l'église est une autre méthode essentielle à la rétention de vos membres. Vous devez leur enseigner à être dévoués aux enseignements du pasteur. Vous devez leur enseigner à être dévoués au partage avec les autres chrétiens. Ce point a été largement évoqué dans le chapitre précédent.

Il est également très important que le pasteur soit dévoué à ses membres. Cela permet la rétention. Chaque fois qu'il y a un mariage, un deuil, une consécration d'enfant au Seigneur ou une crise dans la vie d'un membre de votre église, c'est pour vous une occasion de pratiquer le dévouement. C'est une occasion en or de vous dévouer à votre brebis. Tenez-vous à ses côtés au bord de la tombe. Soyez présent dans ses moments de profonde tristesse. Soyez présent aux événements importants de sa vie. Cela montre votre dévouement.

Ce faisant, vous mettez en pratique le principe suivant : ce qu'un homme a semé, il le récoltera.

Vous récolterez le dévouement des membres de votre église. Il y a quelques années, j'ai entendu un pasteur chevronné dire : « Si vous vous tenez aux côtés de vos brebis lorsqu'elles sont dans le besoin, elles se tiendront à vos côtés quand vous serez dans le besoin. »

Chapitre 11

Comment avoir des membres d'église permanents

Le Seigneur a attiré mon attention sur la nécessité d'avoir des membres d'église permanents. J'ai réalisé que beaucoup des jeunes membres de l'église étaient instables. **Le meilleur type de membres, ce sont les membres permanents.** Un membre permanent devient inébranlable, stable et fiable avec les années. Ce type de membre se caractérise surtout par le fait que dans son esprit, il se dit : *« J'y suis et j'y reste. »*

Je ne suis pas idiot ! Bien sûr, je sais que tout le monde ne restera pas pour toujours. Cela dit, il est important que les gens pensent rester pour toujours. Je ne suis pas Dieu. Si Dieu, par Son Esprit, devait amener quelqu'un à quitter notre église, il n'y a rien que je puisse faire.

C'est comme dans le mariage. Une personne de bien n'entre pas dans le mariage en se disant : « J'y suis pour quelques années seulement. » Qui voudrait épouser une telle personne ?

Ma fameuse annonce

~~Un jour, j'ai dit à ma congrégation : « J'ai décidé d'aller poursuivre des études de chirurgie cardio-thoracique en Amérique. » J'ai annoncé : « Je veux devenir cardiologue. »~~

J'ai poursuivi en disant : « La formation dure cinq ans environ, au bout desquels il me faudra acquérir de l'expérience. Cela prendra cinq années supplémentaires, soit dix ans en tout. »

Toute la congrégation était sous le choc. « Oooooooh, » fit-elle. « Ce n'est pas possible. » Tout le monde semblait très triste.

« Pourquoi êtes-vous tristes ? » leur ai-je demandé. « Vous ne voulez pas que je m'en aille ? »

Je leur ai demandé : « Combien d'entre vous voudraient que je sois encore là dans trois ans ? » Tout le monde leva la main.

J'ai poursuivi : « Combien d'entre vous voudraient que je sois encore là dans sept ans ? » Tout le monde leva encore la main.

« Alors, vous ne voulez pas que je parte. » dis-je.

Ils crièrent tous : « Non ! »

Je me mis à rire. Puis, je leur dis : « C'était une blague. Je suis heureux de savoir que vous voulez que je reste ! Je me rends compte que vous voulez que je reste ici de façon permanente ! »

J'ai poursuivi en disant : « Si vous voulez que je sois là dans sept ans, j'aimerais également que vous soyez là dans sept ans, à compter d'aujourd'hui. Tout comme vous voulez que je sois votre pasteur permanent, qui vous prêche et prie pour vous, je veux que vous soyez des membres permanents pour moi ! »

Je crois aux membres permanents et à un engagement permanent. Je recommanderais fortement aux pasteurs d'enseigner à leur congrégation à devenir membres permanents d'une église. Écoutez-moi, la foi vient de ce qu'on entend, et ce qu'on entend vient de la Parole de Christ (Romains 10 : 17). C'est ce que vous enseignez à vos ouailles qu'elles croient. Si vous voulez qu'elles soient en permanence dans le ministère, enseignez-le leur et elles le seront !

Les membres de l'église veulent un pasteur permanent et nous les pasteurs, nous voulons des membres permanents. Je vais vous donner plusieurs raisons que vous pouvez évoquer avec n'importe quelle congrégation, concernant la nécessité d'être membre permanent d'une église. Si vous enseignez cela à vos membres, ils cesseront d'aller d'une église à l'autre.

Onze (11) raisons pour lesquelles vous devez avoir des membres permanents

Raison n° 1 : Ils font partie d'une famille

... duquel tire son nom toute famille dans les cieux et sur la terre...

Éphésiens 3 : 15

La première raison pour laquelle il faut que les gens soient membres permanents d'une église est qu'ils font partie d'une famille. Lorsqu'on enseigne aux membres de l'église qu'ils sont une famille, ils ont moins envie de s'en aller.

Dans chaque famille, il y a des problèmes ! Dans chaque famille, il y a des conflits et des malentendus. Mais il est tout simplement impossible de quitter sa famille. Vous en faites tout simplement partie, que cela vous plaise ou non.

Vous ne pouvez pas changer votre nom de famille à cause d'un malentendu avec votre oncle. Enseignez à vos membres que les malentendus et les heurts ne doivent pas les pousser à changer d'église. Les membres d'une famille s'appartiennent les uns aux autres à vie. Les membres d'une église doivent appartenir à vie à la même famille et s'engager à vie envers elle.

Raison n°2 : Ils font partie d'un édifice

Car nous sommes ouvriers avec Dieu. VOUS ÊTES le champ de Dieu, L'ÉDIFICE DE DIEU.

1 Corinthiens 3 : 9

La deuxième raison pour laquelle il faut que les gens soient membres de l'église à titre permanent est qu'ils font partie de l'édifice de Dieu. La Bible enseigne clairement que nous sommes l'édifice de Dieu. Chaque chrétien doit savoir qu'il fait partie de l'édifice de Dieu, c'est-à-dire l'église. Il n'est pas facile de retirer les briques d'un édifice. Les briques sont une partie permanente de la structure. **Comment vous sentiriez-vous si en rentrant chez vous, vous constatiez que votre chambre a été déplacée à la maison voisine ?** Les parties d'un édifice ne se déplacent pas !

J'enseigne à ma congrégation à se considérer comme les briques permanentes de l'édifice Lighthouse Chapel International. Je leur dis que je n'ai jamais vu une brique sortir d'un édifice.

Une telle chose serait de la magie. Je suis convaincu qu'aucun des membres de mon église n'est magicien.

Raison n°3 : Ils font partie d'un jardin

Or donc, je vous ferai maintenant connaître ce que je vais faire à ma vigne [jardin]. J'en arracherai la haie, pour qu'elle soit broutée ; je ferai des brèches dans sa clôture, pour qu'elle soit foulée aux pieds.

Ésaïe 5 : 5

Les Écritures font référence aux chrétiens comme à un jardin. Si nous sommes semblables à un jardin, c'est que chacun de nous est une plante dudit jardin. Si vous déracinez une plante et la replantez dans un autre carré de terrain, vous mettez en danger la vie de l'arbrisseau. En fait, si vous le faites à répétition, vous finirez par détruire la plante.

Tout le monde sait que planter et replanter tue la plante. Dieu n'a pas pour projet de planter et replanter ses enfants dans différentes églises années après années.

Si à chaque fois que vos racines s'enfoncent un peu plus profondément vous vous déplacez, vous finirez par vous tuer spirituellement. Je me suis rendu compte que souvent, les chrétiens qui sont plantés et replantés dans différentes églises ne survivent pas spirituellement.

Lorsque le Seigneur demanda au diable d'où il venait, il répondit qu'il était allé se promener sur la terre. Le diable ne reste pas en place, il parcourt la terre. Si vous vous promenez d'église en église, votre style de vie ressemble à celui du diable.

L'Éternel dit à Satan : D'où viens-tu ? Et Satan répondit à l'Éternel : de parcourir la terre et de m'y promener.

Job 1 : 7

Raison n° 4 : Ils font partie d'un arbre

Je suis le cep, vous êtes les sarments. Celui qui demeure en moi et en qui je demeure porte beaucoup de fruit, car sans moi vous ne pouvez rien faire.

Jean 15 : 5

Autre révélation importante : vous faites partie d'un arbre. Jésus dit qu'Il est le cep et que nous sommes les sarments. On sait tous que lorsqu'un sarment est arraché d'un arbre, il meurt. Un sarment est censé être en permanence rattaché à une branche plus grande ou au tronc d'un arbre.

Si vous êtes effectivement un sarment, n'ayez aucun projet de vous en aller.

En général, les personnes qui vont d'église en église ne s'épanouissent pas dans le Royaume de Dieu. Elles cessent de grandir et certaines se refroidissent spirituellement et vont en enfer.

Le pasteur devient Rastafari

Il y a peu de temps, je m'entretenais avec un prophète de Dieu. Ce dernier me raconta comment le Seigneur lui avait montré dans un rêve comment un pasteur qui était allé d'église en église s'était refroidi spirituellement et était devenu rastafari. Ce rêve prophétique annonçait que ce pasteur instable courait à sa perte. C'était un avertissement.

Vous détacher et essayer de vous rattacher est une dangereuse entreprise. Je crois au fait d'être membre à titre permanent. J'enseigne cela. Je fais campagne pour des membres permanents. *Mes ouailles veulent un pasteur permanent, moi je veux des membres permanents.*

Raison n°5 : Ils prospéreront s'ils sont plantés

Plantés dans la maison de l'Éternel, ils PROSPÈRENT dans les parvis de notre Dieu;

Psaume 92 : 14

Une autre raison pour laquelle vous devez être membre à titre permanent est que vous prospérerez. Vous verrez que pour chacune de ces affirmations, je me base sur les écritures. Ce que je partage avec vous relève de la doctrine biblique.

Je ne suis pas en train de dire qu'une personne ne peut pas avoir de raison de quitter une église, *(pour une étude plus approfondie, lire Éthique Ministérielle par l'évêque Heward-Mills)*. Absolument pas ! Ce que je dis, c'est que vous devez enseigner aux gens à être rattachés et plantés de façon permanente, pour leur propre bien. Les brebis suivent et obéissent à leur berger.

La Bible dit clairement que ceux qui sont plantés prospèrent. J'ai vu des chrétiens et des pasteurs aller d'un endroit à l'autre.

Il n'y a aucun rapport entre un membre planté et un membre errant. Restez en place. Prenez racine et prospérez !

En restant à un endroit, vous faites des affaires et nouez des contacts d'affaires. Les membres de l'église commencent à vous faire confiance pour leurs affaires. Vous développez des amitiés durables qui pourront vous être utiles. Ne rester à un endroit que pendant deux ans ne vous permet pas de développer le genre de relations dont vous avez besoin pour que votre vie soit bénie.

Raison n°6 : Ils peuvent investir librement quand ils sont permanents

Pouvoir vivre dans sa propre maison est une très bonne chose. C'est autre chose quand on loue. Quand on habite sa propre maison, on investit librement. On y investit son argent, son temps, sa vie. Pourquoi ? Parce que cette maison nous appartient et qu'on prévoit d'y vivre à titre permanent. Personne ne souhaite dépenser de l'argent pour une maison qui ne lui appartient pas. Après tout, elle ne servira que quelques mois.

Lorsque nous avons acquis notre propre immeuble pour l'église, nous avons librement investi dans la structure. Un jour, le maître d'œuvre m'a dit : « J'ai envie que cet immeuble soit le plus parfait possible, parce que je vais y être toute ma vie. »

« Je veux aussi que le sol soit lisse et parfait, parce que j'ai l'intention de mourir membre de Lighthouse », a-t-il continué.

Puis il a ajouté : « Un jour, lorsque je serai mort et que mon cercueil sera transporté dans l'église pour le service funéraire, je n'ai pas envie qu'une personne trébuche et tombe à cause d'un sol irrégulier. »

Je me suis mis à rire. Tout en plaisantant, il avait relevé un point important. Il prévoyait d'être là toute sa vie. En d'autres termes, il avait choisi d'être un membre permanent.

Les membres permanents sont encouragés à donner librement leur argent. Ils savent qu'ils construisent une église pour les mariages de leurs enfants et verront les fruits de leurs investissements.

Raison n°7 : Ils auront une famille avec qui célébrer leurs victoires

Je prêche la foi et l'espérance pour l'avenir. Je dis à mes membres que les choses vont s'améliorer. Beaucoup de gens pauvres viennent à l'église. Quand ils écoutent la Parole, leur foi augmente et ils se voient un meilleur avenir.

Quand ils sont membres permanents, ils célèbrent leurs victoires à l'église. S'ils ne le sont pas, le jour de la victoire, ils n'auront personne avec qui se réjouir. *Souvenez-vous : une joie partagée est une double joie, et une peine partagée, une demi-peine.*

Réjouissez-vous avec ceux qui se réjouissent...

Romains 12 : 15

Ils auront une famille avec qui se réjouir lorsque leurs nouvelles maisons, voitures et nouveaux bébés seront consacrés au Seigneur. Vous vous tiendrez à leurs côtés et vous vous souviendrez de tout le chemin que le Seigneur leur a fait parcourir !

Il m'arrive souvent de me remémorer le passé avec mes amis concernant le ministère. Nous nous rappelons comment le

Seigneur a été bon envers nous. Nous rions de choses qui des années auparavant, nous effrayaient. À l'instar du psalmiste, nous disons :

> **Quand l'Éternel ramena les captifs de Sion, nous étions comme ceux qui font un rêve. Alors notre bouche était remplie de cris de joie, et notre langue de chants d'allégresse ; Alors on disait parmi les nations : L'ÉTERNEL A FAIT POUR EUX DE GRANDES CHOSES !**
>
> **Psaume 126 : 1-2**

En compagnie de qui citerez-vous ce verset un jour ? Aurez-vous abandonné tous vos amis aux côtés desquels vous vous êtes battus à vos débuts ? Une relation permanente vous permettra d'avoir des personnes avec qui vous réjouir le jour des réjouissances. De meilleurs jours vous attendent. J'enseigne à mon église que de meilleurs jours sont à venir. Je veux qu'ils soient présents pour voir les meilleurs jours du ministère.

Je me souviens lorsque j'avais l'habitude de parler des miracles. Cela ressemblait plus à un rêve. Aujourd'hui, de vrais miracles abondent parmi nous. Le Seigneur a été bon envers nous. Les jours sont meilleurs. Quand vous êtes permanent, vous avez une famille pour partager vos peines. Une joie partagée est une double joie, et une peine partagée, une demi-peine.

Raison n°8 : Ils verront le fruit de leur labeur

Il est important pour les chrétiens de savoir que le moment de la récolte viendra. Que sert-il de travailler dans une église pendant des années pour s'en aller au moment de la moisson ? Quelques-unes des personnes qui étaient à mes côtés dans les moments très difficiles ne sont plus là pour profiter des bénédictions. C'est dommage ! C'est le prix à payer lorsqu'on n'est pas un membre permanent.

Celui qui doute de son engagement devient instable dans les autres domaines de la vie. La Bible dit qu'une telle personne est instable dans *toutes* ses voies. Soyez stable. Soyez permanent. Soyez béni.

> ... celui qui doute... est un homme irrésolu, INCONSTANT dans toutes ses voies.
>
> Jacques 1 : 6, 7, 8

Raison n°9 : Ils ne seront pas séduits par *les relations de courte durée*

Les relations de courte durée sont agréables le temps de leur durée. Il n'y a ni querelle, ni perturbations émotionnelles, ni commentaires inquiétants, ni malentendus.

En général, les relations de longue durée ont survécu à beaucoup d'épreuves. Les relations de longue durée qui ont survécu à l'épreuve du temps sont les meilleures. Une plus grande confiance naît. On sait à quoi s'attendre dans la relation. Je préfère travailler avec quelqu'un que je connais depuis longtemps qu'avec quelqu'un que je viens juste de rencontrer.

Josué commit cette erreur !

Josué commit l'erreur de s'allier à quelqu'un qu'il ne connaissait pas réellement. Il pensait que les Gabaonites étaient les ambassadeurs d'un pays lointain. Il ignorait qu'ils lui avaient menti pour obtenir un traité de paix. Il finit par découvrir leur vraie identité. Mais c'était trop tard ! Il était déjà lié par un accord de paix, bien qu'on l'eût trompé.

> **Et Josué leur dit : qui êtes-vous, et d'où venez-vous ? Ils (les Gabaonites) lui répondirent : tes serviteurs viennent d'un pays très éloigné, sur le renom de l'Éternel, ton Dieu... les enfants d'Israël apprirent qu'ils étaient leurs voisins, et qu'ils habitaient au milieu d'eux.**
>
> **Josué 9 : 8, 9, 16**

Ce que je dis, c'est que les relations de longue durée sont plus sûres. Les membres permanents pourront développer des relations sincères avec des personnes sincères. Au fil des années, les membres sauront s'ils ont un pasteur sincère ou pas, et ils seront plus engagés.

Raison n° 10 : Le pasteur prendra constamment *soin* d'eux

L'église, comme l'hôpital, prend soin de vous. Votre pasteur permanent est plus à même de prendre soin de vous parce qu'il a passé beaucoup de temps avec vous et connaît mieux votre passé. Il est le mieux placé pour prendre soin de vous.

Les membres quittent souvent l'église lorsqu'ils croient que le pasteur a découvert leurs péchés cachés. Vous devez vouloir que votre pasteur connaisse votre vie afin qu'il puisse vous aider là où vous en avez réellement besoin.

Raison n°11 : Ils seront récompensés pour leur fidélité

L'autre importante raison pour laquelle il faut être un membre permanent est que Dieu récompense ses enfants pour leur fidélité. Fidélité signifie loyauté, constance et permanence.

C'est bien, bon et fidèle serviteur… entre dans la joie de ton maître.

Matthieu 25 : 23

Notez que dans ce passage, le serviteur est récompensé pour sa fidélité. Pas pour son charisme ou son talent.

Être un membre permanent fait partie de la vie de fidélité. Soyez fidèle. Soyez permanent. Un jour, Jésus vous dira : « Entre dans la joie de ton maître. » C'est ce jour que j'attends. J'ai une seule envie, l'entendre dire : « C'est bien, bon et fidèle (permanent et loyal) serviteur ! »

Chapitre 12

Le secret de l'industrialisation

Il m'arrive de me projeter dans le futur et de m'imaginer ce que seront les choses dans les années à venir. Je me suis souvent demandé à quoi ressemblera notre église dans quelques années. Alors que je réfléchissais à cela, le Seigneur m'a appris que développer une culture d'industrialisation est une façon de garantir le futur.

Dieu m'a donné pour instruction d'industrialiser mon église. Il m'a montré comment notre pays, à l'époque, ne faisait qu'importer des biens de pays occidentaux et les revendre avec un bénéfice. « Cela n'a pas d'avenir », me dit le Seigneur. « As-tu remarqué que les nations les plus riches du monde produisent toutes des biens importants ? »

« Oui, ai-je répondu. » Dieu me montra que les nations les plus riches du monde produisent des voitures. Les meilleures voitures proviennent des pays les plus riches du monde. Ces pays sont riches parce qu'ils produisent quelque chose. L'église s'enrichira d'âmes si nous commençons à être spirituellement industrialisés !

Tout comme la réussite des nations du monde dépend du fait qu'elles produisent quelque chose, la réussite de l'église dépend de sa production d'âmes. Une industrie est un système organisé de production régulière de biens et de services.

Une industrie est un système délibérément (intentionnellement) organisé. Elle fabrique des produits bien définis sur une base régulière. Elle ne produit pas uniquement lorsque cela lui convient, ni de façon accidentelle. Une industrie est également orientée vers le profit. Toute nation qui ne met pas en place des industries est à jamais condamnée à acheter des biens d'occasion. Elle est condamnée à être à la merci de ceux qui produisent des biens et des services.

Par industrialisation, je n'entends pas le fait de faire de l'argent. Je parle du fait de produire des âmes à la chaîne, régulièrement et délibérément. Je suis un « homme d'affaires » de Dieu et ma monnaie, ce sont les âmes humaines. Votre église aura atteint le stade de l'industrialisation lorsqu'elle commencera à produire des âmes à la chaîne régulièrement et systématiquement. Ici, ce qui est important, c'est le mot régulier. Je connais des industries automobiles qui produisent une voiture toutes les trois minutes.

Dans Luc 19 : 13, Jésus donne dix mines à ses serviteurs et dit : « Faites-les valoir (faites des affaires) jusqu'à ce que je revienne. » Cela signifie : industrialisez et commercialisez avec application jusqu'à ce que je revienne. Autrement dit, Jésus attend de nous que nous considérions le fait de gagner des âmes comme une entreprise très sérieuse. Gagner des âmes doit être une chose intentionnelle et non accidentelle.

Beaucoup de pasteurs craignent de démarrer une église parce qu'ils ignorent comment gagner des âmes. D'autres ignorent comment assurer le suivi des nouveaux convertis et les établir dans le Seigneur. Tout ce qu'ils savent, c'est comment diviser des églises et s'en aller avec la moitié des membres de l'église de quelqu'un d'autre. Aucune industrie ne produit de voiture de façon accidentelle. C'est un exercice délibéré et planifié. Il est temps pour nous de gagner des âmes délibérément avec la régularité d'une usine.

Dieu m'a montré comment établir une église et un ministère de manière à gagner régulièrement et délibérément des âmes chaque mois. Mon église est répartie en chapelles, ministères et groupes de partage. Chaque ministère est censé faire une évangélisation par mois, sur une base régulière.

Le Seigneur m'a montré qu'il est important que les ministères prennent l'habitude de faire une évangélisation par mois, sans avoir besoin d'y être exhortés. Les industries automobiles n'ont pas besoin d'un dirigeant charismatique chargé de prêcher sur l'importance de la production de leur produit pour le mois ! Par contre, les églises et les ministères semblent avoir besoin d'un séminaire émotionnel spécial sur le gain des âmes. Sans cela, tout le monde oublie la moisson. Ce n'est certainement pas cela une église industrialisée.

C'est pourquoi j'ai mis en place les ministères et les groupes de partage, afin que nous puissions gagner des âmes tous les mois. Je ne prends pas directement part au gain de ces âmes. Cela se fait au niveau des ministères et des groupes de partage. Je n'ai pas besoin d'aller stimuler l'enthousiasme pour le gain des âmes pour que cela soit fait. C'est automatique.

Une industrie cherche à réaliser des bénéfices.

Le royaume des cieux est encore semblable à un marchand qui cherche de belles perles [âmes].

Matthieu 13 : 45

Une église industrialisée se soucie du nombre de personnes converties chaque mois. S'intéresser au nombre d'âmes qui s'ajoutent à l'église chaque jour ou mois est une chose biblique.

... Et le Seigneur ajoutait chaque jour à l'Église ceux qui étaient sauvés.

Actes 2 : 47

Il est intéressant de noter combien de pasteurs font rarement l'appel à l'autel (invitation à donner sa vie à Jésus). Beaucoup de ministres se soucient peu des âmes perdues. Ce qui les intéresse, c'est de savoir s'ils ont été impressionnants et si leur sermon était puissant !

Après que j'eusse prêché à une convention, le pasteur-hôte me dit quelque chose qui me fit mal au cœur. Il dit : « Vous êtes le seul à avoir invité les gens à donner leur vie à Jésus au cours de cette convention. » Je me suis demandé : « Appeler les gens à donner leur vie à Jésus pour le salut est-il devenu obsolète ? » Comme c'est triste ! La fonction première de l'église est en train d'être reléguée aux oubliettes.

L'appel à l'autel pour le salut est obligatoire à chacun de nos cultes. J'invite les gens à donner leur vie à Jésus dans les mariages et les funérailles. Industrialisez votre église. Faites des sorties d'évangélisation régulières et délibérées. Je vous vois grandir alors que vous industrialisez votre église !

Quand une église est industrialisée, même si le leader charismatique n'est plus, l'église continue à grandir d'elle-même. Pourquoi industrialiser ? Pour pouvoir grandir et non diminuer.

> **... Bâtissez des maisons, et habitez-les ; plantez des jardins, et mangez-en les fruits. Prenez des femmes, et engendrez des fils et des filles ; prenez des femmes pour vos fils, et donnez des maris à vos filles, afin qu'elles enfantent des fils et des filles ; MULTIPLIEZ LÀ OÙ VOUS ÊTES, ET NE DIMINUEZ PAS.**
>
> **Jérémie 29 : 5-6**

Chapitre 13

Principes spéciaux de croissance de l'église

J'ai découvert que les principes qui vont suivre sont indispensables pour la construction d'églises de grande taille qui ont du succès. Je vous conseille de les étudier attentivement et de laisser le Seigneur vous aider à bien comprendre mon propos dans ce chapitre.

Quatorze (14) principes pour la croissance de l'église

1. Principe de la multiplication du pasteur principal

J'ai découvert que multiplier par douze le pasteur principal signifiait avoir douze pasteurs au travail. Logiquement, la quantité de travail effectuée serait multipliée par douze. Tout ce que je fais, je l'ai enseigné aux pasteurs qui m'assistent. Si moi je rencontre les gens au sortir du culte, ils doivent faire de même. Si je peux conseiller dix personnes et si les douze autres pasteurs en font autant, cela permet à cent trente personnes d'être conseillées.

Dans certaines églises, le pasteur principal est un « surhomme ». Il est le seul à faire des choses importantes - le moyen le plus sûr d'empêcher une église de grandir.

Une seule personne ne peut s'occuper que d'un certain nombre de personnes. À essayer de visiter, de conseiller et d'aider tout le monde, on deviendrait fou ! Il y a des limites à ce qu'un individu peut faire. C'est la raison pour laquelle mon église compte de nombreuses branches et de nombreux pasteurs. J'ai la conviction que beaucoup de personnes parmi celles que je prêche peuvent également prêcher. Je suis convaincu que plusieurs des personnes qui reçoivent la parole aujourd'hui peuvent travailler dans le ministère.

Ne soyez pas un pasteur qui manque d'assurance. N'ayez pas peur de faire confiance aux gens. Certes, beaucoup de personnes trahiront votre confiance, mais si vous vivez dans la peur, Satan risque de s'introduire dans votre vie et votre ministère. J'ai été blessé par des gens, mais j'ai décidé de continuer à faire confiance à d'autres personnes qui m'apportent leur aide. Si elles devaient me trahir un jour, je le prendrais avec philosophie et continuerais à faire confiance à d'autres personnes.

L'une des raisons pour lesquelles certaines personnes ne peuvent pas faire confiance est qu'elles doutent que les autres puissent faire du bon travail. Dans le milieu médical, les jeunes médecins sont formés en permanence. Certains malades sont soignés par des étudiants en médecine inexpérimentés travaillant sous la direction d'un superviseur. C'est en donnant leur chance aux jeunes médecins qu'ils apprennent et deviennent très vite bons. Il en est de même dans le ministère. Il faut faire confiance aux gens en leur donnant des responsabilités tout en les supervisant.

Il faut leur confier des responsabilités importantes. Cela multipliera le nombre de pasteurs capables dans le ministère.

2. Principe de l'utilisation maximale du dimanche

Ce principe est exploité au maximum à la Lighthouse Cathedral (Accra). Le principe qui consiste à exploiter au maximum la journée de dimanche est efficace parce que la tradition veut que les gens consacrent leur dimanche à l'église et au repos. Étant donné qu'un grand nombre de paroissiens sont disponibles le dimanche, exploiter au maximum cette journée ne peut être qu'une bonne chose. Pour moi, le dimanche est une journée complète de travail. Jésus travaillait le dimanche et je veux suivre son exemple.

Dès lors, les Juifs s'en prirent à Jésus qui avait fait cela un jour de sabbat. Mais Jésus leur répondit : Mon

Père, jusqu'à présent, est à l'œuvre et moi aussi je suis à l'œuvre.

Jean 5 : 16-17 (TOB)

Dimanche est une journée complète de travail pour tous les pasteurs de mon église. Nous travaillons du dimanche matin jusqu'à très tard le soir. Nous conseillons beaucoup ce jour-là parce que les gens ne sont pas occupés. Visiter les gens le dimanche est également une bonne chose parce que beaucoup de personnes passent leur dimanche après-midi chez elles. Les cours bibliques pour laïcs ont également lieu le dimanche après-midi. Beaucoup de personnes peuvent y assister parce qu'elles n'ont pas grand-chose à faire le dimanche.

Décidez de mettre à profit vos dimanches. Je me demande ce que font les pasteurs chez eux à deux heures de l'après-midi le dimanche, au moment où la plupart des paroissiens sont disponibles et peuvent être visités. Saisissez cette opportunité. Pasteurs laïcs et bergers peuvent ainsi faire davantage pour le Seigneur.

Même si certaines personnes ont du mal à l'accepter, je répète sans cesse à mes collaborateurs que le dimanche est une journée de travail à temps plein pour moi et mon église. Je ne suis ni comptable, ni informaticien. Je ne travaille pas du lundi au vendredi de 9 heures à 17 heures. Je travaille le dimanche et je me repose le lundi. Nous ne commençons pas le travail à 8 heures du matin. Je n'ai aucune raison d'aller au travail à 8 heures. Nous travaillons tard le soir parce que c'est le seul moment où les laïcs sont disponibles et où nous pouvons prendre soin d'eux.

Notre bureau est généralement fermé le lundi et l'ensemble du personnel, à l'exception des agents de sécurité, a congé. Pasteurs et églises ne doivent pas se laisser influencer par les horaires de travail du monde. Personne ne se plaint du fait que les pilotes aient des horaires impossibles. Tout le monde se fait à l'idée que leur travail exige des horaires particuliers.

Les pasteurs et les autres doivent se rendre compte que le ministère est particulier et fonctionne selon un horaire propre.

Commencez à réfléchir à ce que vous pouvez faire de vos dimanches. Pensez au nombre de personnes supplémentaires dont vous pouvez prendre soin si vous consacrez vos dimanches au ministère plutôt qu'au sommeil et aux repas dans l'après-midi.

3. Principe des subdivisions plus petites

Appliqué à l'église, ce principe permet au pasteur de mieux prendre soin de ses brebis, ce qui aboutit à la croissance de l'église. Les questions qui ne peuvent pas être posées pendant un grand culte du dimanche peuvent être posées au sein des petits groupes. Les petits groupes deviennent des unités familiales auxquelles appartiennent les membres de l'église.

Mon église compte plusieurs petits groupes. J'ai toujours pensé que tous les chrétiens pouvaient et devraient servir le Seigneur de façon active. Ces petits groupes sont un moyen pour tous les chrétiens de mettre la main à la pâte.

Tout en devenant méga, votre église restera suffisamment petite pour répondre aux besoins de ses membres. Comme on dit, « suffisamment grande pour que vous en fassiez partie, mais suffisamment petite pour que l'on vous connaisse. »

Les églises de certaines personnes ressemblent à des salles de conférence. Les gens viennent, entendent la Parole et repartent. Personne n'aime se sentir inconnu. Les gens ne sont pas des numéros, mais des êtres humains. **Personne ne veut être réduit à un article numéroté ou un bien comptable.** Les gens veulent sentir qu'ils sont importants. Ils veulent se sentir indispensables. Ils veulent se sentir aimés. Vous pouvez prêcher un sermon très puissant, il n'en demeure pas moins que les gens ont besoin d'appartenir à une petite famille.

Votre église peut être divisée en cellules, sections ou départements. Notre église est divisée en chapelles, ministères et groupes de partage. J'encourage toujours mes ouailles à s'engager dans un ministère. Comment pourrais-je connaître tout le monde qui vient à l'église ? Comment pourrais-je savoir ce qu'ils pensent ou ressentent ? Comment pourrais-je connaître leurs problèmes et les aider ?

Si vous croyez que Dieu vous donnera chaque jour une parole de connaissance pour ces personnes, vous vous trompez. Dieu veut que vous divisiez l'église en petites sections de sorte que les gens puissent recevoir une aide pastorale adéquate.

4. Principe de l'église orientée Monsieur X

Que peut bien signifier église orientée « monsieur X » ? Par monsieur X, j'entends nouveau converti ou nouveau membre. **La plupart des églises sont orientées vers les membres établis.** Une église orientée monsieur X accorde une attention particulière aux nouveaux venus et aux visiteurs.

Occupez-vous de vos visiteurs. Nous avons des feuilles de chant pour que les nouveaux venus puissent participer à la louange et l'adoration. Après le culte, nous recevons les nouveaux membres pour leur permettre de se sentir chez eux. Nous offrons également des cadeaux aux nouveaux convertis.

Récemment, le Seigneur m'a donné pour instruction de demander à mes pasteurs principaux associés de s'occuper de tous les nouveaux convertis. Dieu m'a fait comprendre que si pour moi les nouveaux convertis étaient importants, il fallait que je demande aux pasteurs principaux et non aux jeunes pasteurs de s'en occuper. Cela a énormément contribué à établir un grand nombre de nouveaux dans l'église.

Lorsqu'une église est orientée vers monsieur X, elle est sur le chemin de la croissance, car c'est par les nouveaux membres et les nouveaux convertis qu'arrive la croissance.

> **... et ceux que nous estimons être les moins honorables du corps, nous les entourons d'un plus grand honneur. Ainsi nos membres les moins honnêtes reçoivent le plus d'honneur...**
>
> **1 Corinthiens 12 : 23**

La plupart des gens croient que la croissance tient à ce qu'un plus grand nombre de personnes visite l'église. Ce n'est pas toujours vrai. D'aucuns pensent que la croissance tient au nombre de nouveaux convertis. L'histoire a montré que si la population mondiale croît, c'est parce que les gens vivent plus longtemps et non parce que de nouveaux bébés viennent au monde. Si nous voulons que l'église s'accroisse, nous devons soutenir et entretenir les nouveaux membres et convertis.

5. Principe de l'attention accordée aux membres des groupes A et B

Toutes les églises peuvent être divisées en deux groupes : A et B. Les membres du groupe A sont les personnes les plus fiables. Elles viennent à l'église deux ou plusieurs fois dans la semaine. Elles participent souvent aux petites activités de groupe de l'église. Je remercie Dieu pour les membres du groupe A. Nous apprécions vraiment leur apport.

Quant aux membres du groupe B, ce sont ceux qui viennent à l'église une fois par semaine, n'appartiennent à aucun groupe de l'église, assistent aux premiers cultes du dimanche, aiment les sermons courts, distraient les autres, rêvent en plein jour, oublient leur Bible, ne prennent pas de notes, ne versent pas la dîme, regardent sans cesse leur montre, sont membres d'une église proche de chez eux.

Plus votre église s'agrandira, plus le nombre de personnes appartenant au groupe B sera important. Il faudra que vous les acceptiez comme des membres de votre famille. **On choisit ses amis, pas ses frères.** Tout le monde ne peut pas être un combattant spirituel.

En fait, dans une grande église, beaucoup de personnes appartiennent au groupe B. Aimez-les quand même. Prêchez des sermons qu'elles aussi peuvent apprécier. Priez pour elles. L'Esprit du Seigneur les touchera. Chaque fois que vous organiserez des événements tels qu'une sortie à la plage, les membres du groupe B seront les plus nombreux. Saisissez ces occasions pour vous en occuper.

Si vous essayez d'exclure les membres du groupe B, vous risquez de vous retrouver sans rien au bout du compte. Jésus a dit que la moisson est grande, mais qu'il y a peu d'ouvriers.

Jésus n'a pas dit qu'il y a peu de membres. Il a dit qu'il y a peu d'ouvriers (de membres du groupe A).

6. Principe des multiples cultes

Personne ne m'a jamais dit qu'avoir plusieurs cultes permettait à l'église de grandir. Je l'ai découvert presque par hasard. Eh bien, maintenant je vous dis que faire plusieurs cultes permet à l'église de s'agrandir. Chaque dimanche, nous célébrons sept cultes différents. C'est très fatigant et éprouvant, mais cela augmente la participation aux cultes. À mesure que l'église grandit, elle reçoit des personnes ayant toutes sortes de besoins.

Certains pasteurs donnent à penser qu'ils célèbrent plusieurs cultes parce que l'assemblée est trop grande. Cela est vrai dans une certaine mesure. Mais si je célèbre plusieurs cultes, ce n'est pas parce que l'édifice peut-être rempli quatre fois de suite. La salle n'est pas comble pour tous les services. Le niveau de participation est différent pour chaque service. Je n'ai jamais vu d'église où la participation au culte était la même pour tous les services.

Si je célèbre plusieurs cultes, c'est avant tout parce que je souhaite offrir à mes paroissiens des cultes variés qui leur conviennent.

Je me suis toujours demandé pourquoi les gens voulaient venir à l'église à 6 heures du matin. Je me suis toujours demandé : « Ne peuvent-ils pas venir à l'église un peu plus tard ? » les êtres humains sont tellement variés.

Dès l'instant où vous avez affaire à un grand nombre de personnes, vous avez affaire à de la variété. Si vous n'offrez pas des choses variées, vous perdrez ceux à qui vous n'avez rien à offrir.

Acceptez la réalité de la variété et prenez-en votre parti. Vous verrez que chaque culte aura un type de personnes différent. Certains cultes sont plus formels, d'autres moins. L'atmosphère du temple dépend du type de personnes qui assiste au culte.

Nous avons des cultes pour jeunes et enfants. Nous avons des cultes en différentes langues. Nous avons plusieurs services pour anglophones. Chacun de ces cultes est différent et chaque membre y trouve son compte.

Dieu vous bénira si vous offrez des choses variées à un plus grand nombre de personnes.

7. Principe des cultes vivants

Vous devez fixer un objectif pour chaque culte que vous célébrez. Pour cela, vous devez vous demander : « Qu'est-ce que j'essaie de faire à travers ce culte ? » Avez-vous l'intention de ressusciter des morts, de guérir des malades ou de prêcher et d'enseigner ? À la Lighthouse Cathedral, les cultes du dimanche sont des cultes d'adoration et d'enseignement. En général, nous ne prions pas pour les malades le dimanche matin, mais les autres jours.

De combien de temps disposez-vous pour chaque culte ? Combien de temps le culte doit-il durer ? Nos cultes durent entre une heure et demie et deux heures.

En deux heures, on peut faire tout ce qui est nécessaire à un culte.

Il y a quelques années, j'allais dans une église où les cultes commençaient vers 8 heures du matin et se terminaient vers 3 heures de l'après-midi. Au bout de deux cultes, j'ai estimé que les cultes étaient trop longs. Aujourd'hui, cette église n'existe plus. Si vos cultes du dimanche sont trop longs, vous perdrez tous vos membres.

Vous ne pouvez pas tout faire le dimanche matin. Nous avons des cultes de miracles qui durent plusieurs heures. Nous organisons des camps au cours desquels il m'est arrivé de prêcher douze heures en une journée. Lors du dernier camp des bergers, j'ai prêché un jour de 6h30 du matin à 00h30, avec deux pauses seulement. Je sais comment faire pour avoir de longues rencontres, mais je vous déconseille de faire cela le dimanche.

Dans quel genre d'endroit vous réunissez-vous ? Dieu regarde le cœur, mais l'homme se fie aux apparences. L'homme ne peut pas voir ce qu'il y a dans votre cœur, il ne peut voir que votre apparence. C'est pourquoi il est important de bien décorer votre église. Même si vous n'êtes pas propriétaire des locaux, faites en sorte que l'endroit où vous organisez vos cultes ait une certaine apparence.

Souvenez-vous que c'est la première impression qui compte. Utilisez des fleurs, des paniers, des rideaux ou tout ce qui pourrait améliorer l'apparence de votre église.

Il arrive que le pasteur n'ait pas très bon goût. Comment savoir si vous avez mauvais goût ? Laissez à d'autres la charge d'améliorer et embellir l'endroit qui vous est réservé. Il est important que chaque église essaie d'acquérir un lieu de rencontre. Avoir vos propres locaux donnera plus de stabilité à votre église.

Comment se présenter ? Dieu regarde le cœur, mais l'homme se fie aux apparences. L'homme est incapable de voir ce qu'il y a dans votre cœur. Il ne peut que voir votre apparence. C'est pourquoi elle est très importante. Il faut à la fois cultiver une bonne apparence et préparer son cœur à la venue du Seigneur.

Quiconque a un rôle à jouer pendant le culte doit être correctement vêtu. Les pasteurs de sexe masculin doivent être habillés de façon formelle et bien rasés. Les pasteurs de sexe féminin doivent être correctement habillées et éviter de porter des vêtements provocants ou indécents.

Dans certaines églises, les musiciens ont l'air de gens du monde temporairement engagés pour aider Dieu. Ces instrumentistes ont souvent l'attitude et la culture des groupes séculiers de musique pop. C'est pourquoi j'insiste pour que tous les musiciens soient habillés comme des pasteurs. S'ils n'ont pas les moyens de s'offrir des vêtements, nous leur en offrons !

Vous devez inviter les gens à donner leur vie à Jésus à chaque culte. Cette importante et bonne habitude doit être maintenue à tout prix. Les nouveaux convertis et les visiteurs doivent recevoir une accueil chaleureux. Souvenez-vous que ce sont eux les « monsieur X ». Le pasteur assistant doit prendre le relais et faire un petit résumé du message prêché par le pasteur principal. Il doit également encourager l'assemblée à acheter les cassettes.

Les pasteurs ne doivent pas disparaître à la fin du culte. Ils doivent rester un moment à l'église et se mêler à la congrégation. Je m'interroge sur la vocation de quiconque dit être pasteur, mais refuse de se mêler à la congrégation après le culte. La place du berger est dans les champs au milieu de ses brebis.

Le vrai berger flaire la brebis. Je me souviens avoir rencontré un jour un paroissien frustré dans une église. Cet homme avait parcouru plusieurs kilomètres pour assister à une conférence. Il espérait saluer un grand homme de Dieu. Il était si déçu qu'il en était amer. Je le rencontrai dans l'ascenseur et il me dit amèrement : « *Cet homme est-il premier ministre ou pasteur ?* »

Néanmoins, il m'est arrivé d'assister à des conférences où les hommes de Dieu faisaient l'effort d'être disponibles et de se mêler aux brebis. Certaines personnes ont juste envie de vous serrer la main. Donnez-leur l'occasion de vous approcher si vous le pouvez. L'épouse du pasteur doit prendre part aux échanges et se montrer chaleureuse et aimable. Toutes ces choses contribuent à bâtir la méga-église à laquelle nous aspirons tous.

8. Principe de l'utilisation de la technologie et de la recherche

Dans certaines compagnies aériennes, à mesure que le nombre de passagers a augmenté, l'efficacité s'est accrue. Cela est dû au fait que ces compagnies se sont servi de la technologie pour les assister dans leur travail. Dans certaines églises, alors que le nombre de membres a augmenté avec les années, la capacité du pasteur à gérer de plus grandes assemblées ne s'est pas développée.

Dans notre église, nous avons un département qui essaie de recueillir des données et des statistiques précises. Nous avons des chiffres et faisons des calculs précis sur tout. Nous avons mis en place notre propre système de contrôle du travail des pasteurs, appelé Pastoshep.

En dépit des limites de ce système, dues au nombre limité d'adresses et de numéros de téléphone au Ghana, Pastoshep est devenu une méthode fiable permettant d'évaluer le travail de tous les pasteurs et bergers. Je n'ai pas besoin d'être sur le terrain pour savoir ce que font les gens, car mon ordinateur me renseigne à ce sujet. Cela fait longtemps que j'ai décidé de me faire aider dans le travail que je fais pour le Seigneur par la technologie.

Trop de pasteurs disent des choses du genre : « C'était plein à l'extérieur » ou « Il y avait des milliers de personnes aujourd'hui » alors qu'en réalité, seulement quelques centaines de personnes étaient présentes. Avançons des chiffres exacts !

Nous faisons parfois des sondages dans notre église pour savoir différentes choses très intéressantes. Par exemple, on a fait un sondage pour savoir combien de paroissiens avaient déjà reçu la visite d'un pasteur. Les résultats furent très révélateurs !

9. Principe du 80 % contre 20%

Cette règle nous enseigne que vous devez 80 % de la croissance de votre église à 20 % de vos membres. Cela signifie que 80 % de la croissance de l'église résulte directement du travail de 20 % de vos membres. Par conséquent, il est important que tous les pasteurs passent plus de temps avec les 20 % de personnes qui contribuent à la croissance de leur église.

Très souvent, ce pourcentage comprend les responsables, les enseignants et les pasteurs. Ce sont les personnes les plus importantes de l'église. Passer plus de temps, discuter et prier avec ces 20 % de personnes produira des résultats spectaculaires et inespérés. Certains pasteurs passent l'essentiel de leur temps en compagnie des riches et des gens influents. Ils ne savent pas qu'ils passent leur temps avec les mauvaises personnes.

Ce n'est pas en passant votre temps avec les riches que votre église grandira. Ce faisant, vous donnez aux riches plus d'importance qu'ils n'en ont en réalité. Cela peut les rendre têtus et difficiles à diriger !

Une église qui a un avenir identifie les responsables potentiels et les met au travail. Quand vous faites cela, vous allez à la recherche des 20 % de personnes qui amèneront votre église à se développer durablement.

Quand je me rends dans une de nos églises située en dehors du siège, je passe beaucoup plus de temps en compagnie des pasteurs et des leaders qu'avec le reste des membres de l'église. Parfois, je ne prêche qu'une seule fois. Après, j'ai des réunions de plusieurs heures avec les pasteurs et les bergers.

Avoir ce genre d'activités n'est pas quelque chose de naturel. Pour cela, il faut connaître le principe du 80 % contre 20 %. Au début, quand vous commencez à appliquer ce principe, vous avez l'impression de faire quelque chose de mal, mais ce n'est pas le cas. Très vite, vous comprenez que ce principe très simple est un secret de croissance de l'église.

10. Principe du pasteur érudit

Par là, j'entends simplement que les pasteurs devraient acquérir des connaissances universitaires. Je n'ai jamais fréquenté d'école biblique. J'ai seulement fait l'école de médecine. Mais j'ai beaucoup appris sur le ministère en lisant.

Je lis toujours plusieurs livres à la fois. Je crois à la lecture, aux études et à l'acquisition de connaissances. Comment aurais-je pu surmonter mon handicap, celui de n'avoir reçu aucune formation pastorale, si je ne savais pas lire ?

Il y a une différence entre les pasteurs qui lisent des livres et ceux qui n'en lisent pas. **Ceux qui ne lisent pas ne sont pas mieux que des analphabètes. Ceux qui ne lisent pas sont condamnés à être dirigés par ceux qui lisent.** L'apôtre Paul lisait des livres et des parchemins. Il attachait tellement d'importance à ses livres qu'il demanda à Timothée de les lui apporter.

> **Quand tu viendras, apporte le manteau que j'ai laissé à Troas chez Carpus, et les livres, surtout les parchemins.**
>
> **2 Timothée 4 : 13**

Le prophète Daniel lisait les livres écrits par Jérémie.

> **... la première année de son règne, MOI, DANIEL, JE VIS PAR LES LIVRES qu'il devait s'écouler soixante-dix ans pour les ruines de Jérusalem, d'après le nombre des années dont l'Éternel avait parlé à Jérémie, le prophète.**
>
> **Daniel 9 : 2**

Les gens comme Daniel et Paul lisaient des livres. Il n'est pas étonnant qu'ils soient allés si loin dans le ministère. Beaucoup de pasteurs ont besoin d'une éducation séculière.

Ils feraient bien de s'instruire dans des domaines importants tels que la gestion, le droit, la médecine ou l'histoire. La gestion est importante pour une église, car beaucoup de choses doivent être correctement gérées. Il faut faire de la comptabilité. Il faut fixer les salaires et les payer. Il faut embaucher et débaucher du personnel. Il faut tout simplement faire les choses correctement. Une bonne connaissance de l'administration et de la gestion fera le plus grand bien à l'église de Dieu.

Il est également important que les pasteurs étudient le droit. Les églises signent des contrats et le droit des contrats prend de l'importance. Il existe des lois régissant l'acquisition de biens. Le droit de la propriété est alors important pour le pasteur. Il existe des lois régissant le mariage.

Les pasteurs doivent être bien informés à ce sujet. Dieu ne veut pas que ses pasteurs soient des ignares. Je ne suis pas avocat, mais j'ai pas mal de connaissances en droit parce que je m'y intéresse dans mon propre intérêt.

Il est important aussi de bien connaître la médecine. À l'instar du médecin, le pasteur a souvent affaire à des malades en phase terminale. Un pasteur qui ne connaît pas l'état de santé de ses ouailles ne sert à rien. Il est important d'avoir des connaissances de base sur ce qui se passe autour de vous.

J'ai vu des pasteurs déclarer une personne guérie en se basant sur de présomptueuses prémisses. Comme nous pouvons parfois paraître ridicules aux yeux des professionnels de ce monde ! Ils savent que nous sommes d'absolus profanes en certaines matières.

Un autre domaine dans lequel les pasteurs ont besoin de s'instruire est celui de l'histoire et de la politique. L'histoire nous apprend comment naissent et meurent les tyrans. Elle montre que certaines tendances se répètent.

La Bible dit qu'il n y a rien de nouveau sous le soleil. En fait, la Bible prédit que l'histoire se répète. Pour ceux d'entre vous qui veulent connaître l'avenir, il suffit de regarder le passé.

Ce qui a été, c'est ce qui sera, et ce qui s'est fait, c'est ce qui se fera, il n'y a rien de nouveau sous le soleil. S'il est une chose dont on dise : vois ceci, c'est nouveau ! Cette chose existait déjà dans les siècles qui nous ont précédés.

Ecclésiaste 1 : 9-10

11. Principe du ministère de puissance

Si vous retirez de votre Bible tous les passages sur la guérison et les miracles, vous constaterez que votre Bible est totalement détruite ! Vous aurez détruit la Parole de Dieu. Si vous retirez les passages relatifs à la puissance de Dieu, il ne vous restera plus qu'un ouvrage philosophique.

Il n'y a pas que l'enseignement et la prédication qui aident les enfants de Dieu. Ils ont aussi besoin d'être touchés par la puissance.

Il est important de leur faire voir la dimension de puissance de Dieu, celle des miracles, des guérisons et de la délivrance. Le Saint-Esprit veut se manifester et bénir le peuple de Dieu. Vous découvrirez que vos brebis aiment que l'on prie pour elles. Il est important que vous priiez pour vos brebis et que vous leur parliez de la puissance de Dieu.

12. Principe de l'individualité pastorale : répondez à votre appel

Il est très important que chaque pasteur réponde à sa vocation personnelle. Ne regardez pas la foule. Ne pensez pas à ce que font les autres.

Lorsque je suis entré dans le ministère il y a quelques années, beaucoup de personnes se sont moquées de moi. Un jour, un pasteur m'a ridiculisé alors que j'encourageais mes paroissiens à aller témoigner en faisant du porte-à-porte. Il m'a dit d'un air méprisant : « C'est quoi témoigner ? c'est quoi faire du porte-à-porte ? On a dépassé cela dans le ministère ! »

Je lui ai répondu : « C'est une importante activité chrétienne. »

J'ai insisté en disant : « Quel que soit le niveau que vous atteignez dans le ministère, il est important de prêcher l'évangile de porte en porte. »

Aujourd'hui, ce pasteur qui s'était moqué de moi se trouve au bas de l'échelle ministérielle. Ne laissez personne détruire vos convictions. Soyez un homme de conviction. Suivez le plan que Dieu a prévu pour vous. Faire des comparaisons est une pratique dangereuse à laquelle se livrent certains pasteurs. Ne vous comparez à personne, c'est trop dangereux.

NOUS N'OSONS PAS nous égaler ou NOUS COMPARER à quelques-uns de ceux qui se recommandent eux-mêmes. Mais, en se mesurant à leur propre mesure et en se comparant à eux-mêmes, ils manquent d'intelligence.
2 Corinthiens 10 : 12

Dieu m'a dit de ne pas me comparer à qui que ce soit. Il m'a fait voir que certains pasteurs n'étaient pas instruits et m'a montré qu'il n'attendait pas la même chose de tout le monde. Il m'a également permis de comprendre qu'étant donné que j'avais fait de longues études, il me demandait quelque chose de différent. Il m'a dit que j'aurais tort de me comparer à quelqu'un d'autre.

Le Seigneur m'a également permis de comprendre que si je prenais d'autres pasteurs pour modèle, je risquais de faire beaucoup moins pour lui que je ne suis censé faire.

Le Seigneur m'a montré que ce serait une erreur de croire que je suis « arrivé » en me fondant sur des critères moins élevés définis par d'autres. C'est en effet une chose dangereuse que de se comparer aux autres. Paul a dit qu'il n'osait pas se comparer aux autres.

13. Principe de la prière massive organisée

La prière massive organisée est une occasion pour tous les responsables et/ou membres de votre église de prier de façon intense. J'organise ce type de prière à trois niveaux. Au niveau le plus élevé, j'amène fréquemment les pasteurs principaux prier en dehors de la ville pendant quelques jours.

Au niveau des dirigeants de cellules, nous faisons souvent ce que nous appelons des *décrets de prière*. Parfois, nous « ordonnons » aux bergers de prier pendant vingt heures sur une période de trois semaines. Cela signifie qu'ils doivent se rencontrer et prier pendant vingt heures réparties sur trois semaines. C'est cela la prière massive organisée : une prière organisée à échelle massive.

Au troisième niveau, toute l'église participe à la prière. Parfois, nous organisons des veillées quotidiennes de jeûne et de prière d'une semaine. Je suis toujours surpris de voir l'église remplie en semaine à 2 heures de l'après-midi. Des personnes qui ont un emploi se rassemblent pour prier intensément pour la croissance de l'église et les percées.

Il n'y a pas d'autre moyen de faire progresser le ministère que de travailler dans le royaume spirituel. La Bible dit : « Épaphras ne cesse de combattre dans ses prières. » Le principe de la prière massive organisée est ce dont vous avez besoin pour faire des percées dans votre ministère.

Épaphras, qui est des vôtres, vous salue : serviteur de Jésus-Christ, il ne cesse de combattre pour vous dans

ses prières, afin que, parfaits et pleinement persuadés, vous persistiez dans une entière soumission à la volonté de Dieu.

Colossiens 4 : 12

Certaines personnes voient en moi un administrateur et un stratège. Tous ceux qui me connaissent savent qu'à l'heure où j'écris ce livre, je n'ai ni table de travail, ni bureau. Par contre, j'ai une étude pour prier et des endroits où je passe du temps à prier.

Il n'y a pas de raccourci dans le ministère. Il n'y a pas d'autre chemin que celui tracé par Dieu. Il n'y a pas d'autre exemple à suivre que celui de Jésus. Pierre a dit qu'il voulait se consacrer à la prière et à la Parole. La prière et la Parole sont plus importantes que l'administration et les stratégies !

Et nous, NOUS CONTINUERONS à nous appliquer à la prière et au ministère de la parole.

Actes 6 : 4

14. Principe de l'utilisation de laïcs dans le ministère

Un des secrets de la méga-église consiste à utiliser des laïcs et des volontaires dans la Maison de Dieu. Ces ouvriers volontaires peuvent faire l'essentiel du travail de l'église.

J'ai beaucoup de pasteurs qui ne perçoivent pas le moindre centime pour leur dur labeur. C'est le Seigneur lui-même qui les récompense. Ils travaillent très dur le dimanche et certains soirs. Ils consentent d'énormes sacrifices dans leur vie privée pour être pasteurs ou bergers. Beaucoup de très grandes églises appliquent ce principe avec succès. Que le Seigneur vous permette de comprendre et vous révèle ce principe.

Cela m'attriste toujours de voir qu'une petite église de cent personnes emploie sept pasteurs à plein temps. Je me demande souvent : « Combien peut bien gagner un pasteur ? Les épouses de ces pasteurs travaillent-elles ? Ont-ils suffisamment d'argent pour vivre ? » De telles situations sont propices au mécontentement et à la rébellion !

La plupart des rébellions au sein des églises sont dues à l'argent. Lorsque le ministère est éloigné des questions d'argent, les gens se concentrent sur l'œuvre du Seigneur parce qu'ils aiment Dieu.

Beaucoup de pasteurs de mon église s'en sortent bien en tant que laïcs. Si certains d'entre eux devaient exercer à temps plein dans le ministère, les choses seraient peut-être différentes. Même si l'église avait les moyens de les payer convenablement, il se peut qu'ils ne soient pas prêts pour le ministère à temps plein. Cela pourrait engendrer d'autres problèmes liés aux salaires et aux niveaux des revenus. Ces problèmes sont susceptibles de désorganiser le travail du ministère.

Ma suggestion à tous les pasteurs principaux est la suivante : analysez tous les conflits que vous avez déjà eu dans votre église. Ne sont-ils pas pour la plupart en rapport avec l'argent ? **Employez des bénévoles. Ils sont la clef d'un environnement paisible et stable à l'église !**

Je vois un ministère qui s'agrandit ! Je vois votre ministère s'agrandir ! Je vous vois vous élever dans le Royaume de Dieu ! Je vous vois prendre la place qui est la vôtre ! Je sais que le Seigneur va vous utiliser ! Il est très décidé à vous utiliser ! La méga-église, c'est pour vous ! L'onction, c'est pour vous ! Grandissez en sagesse et prenez ce que le Seigneur a placé devant vous !

Les livres de Dag Heward-Mills

1. Loyauté et déloyauté
2. Loyauté et déloyauté - Ceux qui vous accuse
3. Loyauté et déloyauté - Ceux qui sont des fils dangereux
4. Loyauté et déloyauté - Ceux qui sont ignorant
5. Loyauté et déloyauté - Ceux qui oublient
6. Loyauté et déloyauté - Ceux qui vous quittent
7. Loyauté et déloyauté - Ceux qui prétendent
8. La croissance de l'Eglise
9. L'implantation de l'Eglise
10. La méga église (2ème Edition)
11. Recevoir l'onction
12. Etapes menant à l'onction
13. Les douces influences de l'onction
14. Amplifiez votre ministère par les miracles et les manifestations du Saint Esprit
15. Transformer votre ministère pastoral
16. L'art d'être berger
17. L'art de leadership (3ème Edition)
18. L'art de suivre
19. L'art de ministère
20. L'art d'entendre (2ème Edition)
21. Perdre, Souffrir, Sacrifier et Mourir
22. Ce que signifie devenir berger
23. Les dix principales erreurs que font les pasteurs
24. Car on donnera à celui qui a et à celui qui n'a pas on ôtera même ce qu'il a
25. Pourquoi les chrétiens qui ne paient pas la dime deviennent pauvres et comment les chrétiens qui paient la dime peuvent devenir riches.
26. La puissance du sang
27. Anagkazo
28. Dites-leur
29. Comment naître de nouveau et éviter l'enfer
30. Nombreux sont appelés
31. Dangers spirituels
32. La Rétrogradation
33. Nommez-le! Réclamez-le ! Prenez-le !
34. Les démons et comment les affronter
35. Comment prier
36. Formule pour l'humilité
37. Ma fille, tu peux y arriver
38. Comprendre le temps de recueillement
39. Ethique ministérielle (2ème Edition)
40. Laikos

Obtenez votre copie en ligne aujourd'hui à
www.daghewardmills.fr

Facebook: Dag Heward-Mills
Twitter: EvangelistDag

www.ingramcontent.com/pod-product-compliance
Lightning Source LLC
Chambersburg PA
CBHW061658040426
42446CB00010B/1807

CAPE COD
The Delaplaine 2020 Long Weekend Guide

Andrew Delaplaine

GET 3 FREE NOVELS
Like political thrillers?
See next page to download 3 FREE page-turning novels—no strings attached.

NO BUSINESS HAS PAID A SINGLE PENNY OR GIVEN *ANYTHING* TO BE INCLUDED IN THIS BOOK.

Senior Editors - ***Renee & Sophie Delaplaine***
Senior Writer - **James Cubby**

Gramercy Park Press
New York – London – Paris
Copyright © by Gramercy Park Press - All rights reserved.

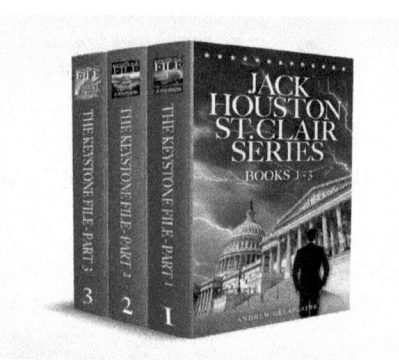

WANT 3 FREE THRILLERS?

Why, of course you do!

If you like these writers--
Vince Flynn, Brad Thor, Tom Clancy, James Patterson, David Baldacci, John Grisham, Brad Meltzer, Daniel Silva, Don DeLillo
If you like these TV series –
House of Cards, Scandal, West Wing, The Good Wife, Madam Secretary, Designated Survivor

> You'll love the **unputdownable** series about Jack Houston St. Clair, with political intrigue, romance, and loads of action and suspense.

Besides writing travel books, I've written political thrillers for many years that have delighted hundreds of thousands of readers. I want to introduce you to my work!
Send me an email and I'll send you a link where you can download the first 3 books in my bestselling series, absolutely FREE.
Mention **this book** when you email me.

andrewdelaplaine@mac.com

CAPE COD
The Delaplaine Long Weekend Guide

TABLE OF CONTENTS

Chapter 1 – WHY CAPE COD? – 4

Chapter 2 – GETTING ABOUT – 10

Chapter 3 – WHERE TO STAY – 12

Chapter 4 – WHERE TO EAT – 28

Chapter 5 – WHAT TO SEE & DO – 108

Chapter 6 – SHOPPING & SERVICES – 126

INDEX – 141

OTHER BOOKS BY THE SAME AUTHOR – 148

Chapter 1
WHY CAPE COD?

Every time I'm in the Hamptons, the thought crosses my mind that "I'd rather be on Cape Cod."

Every time I'm on Cape Cod, I think two things: "Thank God it never turned into the Hamptons" and "Thank God it's still the same."

It's not of course. Nothing ever really is the same. But when you run into old-timers on Long Island, they'll tell you how it was in the Hamptons before the mega-rich moved in and built their monstrously inappropriate mansions, bringing along with them, naturally, their monstrously inappropriate attitudes. The Hamptons with their fancy shops and nightclubs. (Can you ever imagine a NIGHTCLUB on Cape Cod? Not really. Who would ever go to it?